「願い」は あなたのお部屋が 叶えてくれる☆

家にいながら、望みのすべてを引き寄せる方法

佳川奈未 Nami Yoshikawa

青春出版社

いまある暮らしから、
〝憧れ夢みた素敵な未来〟が
運ばれてくる♪

ハッピーライフがやってくる「まえがき」

あなたのお部屋は、なんでも叶う魔法の空間♪

～いまある暮らしから、〝憧れ夢みた素敵な未来〟が運ばれてくるのです

本書は、『「願い」はあなたのお部屋が叶えてくれる☆』という、誰もがあまり気づいていないかったであろうテーマで、〝家にいながら、望みのすべてを引き寄せる方法、そんな生き方、暮らし方〟について、お伝えするものです。

そのベースになっているのは、〝空間には、そこにいる人の思いやエネルギーが蓄積されており、人と空間は互いに影響しあっている〟というエネルギー場＝量子場的見解です。

また、〝宇宙からくる方位的なエネルギーの作用が地上にはあり、家という空間こそ、「小宇宙」である〟という環境開運学的なエネルギー摂理です。

そして、〝開運するための心得や、ちょっとしたハッピーアクションをすることで、運がひらく♪〟という運命学的な教えです。

今回、誰もが、毎日暮らしている家、どこよりもほっとくつろげる自分のお部屋というものをテーマにしたのには、理由があります。

それは、今年、わたしが作家デビュー20周年を迎えるにあたり、これまでの自分の歴史をふりかえったときに、「かつて、自分が住んでいた家が、わたしを養い、ここまでの道のりを支え、たくさんの願いをわたしに抱かせ、叶えさせ、いまのわたしをつくり、憧れ夢見た未来を、思い通りのものに築いてくれたのではないか」と、しみじみ、痛感したからです！

そして、「たとえ微力であっても、今世の自分を通して、何か人の役に立つことをさせていただき、本を書くことを通して世に貢献する！」という大きな夢を抱く最初のきっかけとなった、最も辛い時期に暮らしていた、古い、狭い、何もない家こそが、〝輝きの原点〟だったと気づいたからです！

そのとき、そこにいた、わたしには、何もなかったからこそ、すべてを持てる人生を生み出せたのです。

毎日、自分がいろんな思いや感情を抱え暮らしている部屋は、実は、なによりも自分と、人生と、密接なつながりがあったのです！

つまり、**自分が抱く思いも感情もイメージも、空間にあるすべてのものも、実は、エネルギーであり、互いに影響しあい、刺激しあって、存在しており、みあった現象を生み出す「運命共同体」なのです。**

それゆえ、この家を、自分の部屋を、いかに快適に、思い通りに、素敵にし、心地よく暮らしていくかが、大切だったのです！

そこが、落ち着かないものであれば、その場のエネルギーは乱れ、自分も乱れ、何も良いものを生み出せないのですから。

いつでも、部屋と自分が、心地よく、快適になるほど、心とマッチするほど、良い変化がすんなり訪れ、より価値あるものを、この人生に生み出しやすくなります！

とりもなおさずそれは、環境が、あなたのみかたになるからです！

というわけで、『「願い」はあなたのお部屋が叶えてくれる☆』という、その大切なことについて、ここから楽しくお伝えしましょう♪

あなたが望むものを心に抱かせるのと同じように、部屋にも抱かせるとき、その家は、部屋は、あなたの思いをくみ取り、共鳴し、望みのすべてを引き寄せる魔法の空間となり、あなたを大きく幸せで満たすことでしょう！

2024年　3月

ミラクルハッピー　佳川　奈未

もくじ

――「願い」はあなたのお部屋が叶えてくれる☆

ハッピーライフがやってくる「まえがき」 …… 4

あなたのお部屋は、なんでも叶う魔法の空間♪

〜いまある暮らしから、〝憧れ夢みた素敵な未来〟が運ばれてくるのです

Chapter 1

あなたの家をゴッド・フィールドにする☆魔法のそうじ術 …… 17

〜環境をみかたにつけるだけで、みるみる〝いいこと〟が起こりだす♪

家の波動を変えると、運はぐんと良くなる！……18
快・不快!?☆
そこは、あなたのすべてを内包している空間だった!!
幸運を拾うために、捨てておきたいもの……24
たった、これだけのことで、
あなたも家も軽くなれ、レベルアップする！
自分の〝不本意な歴史〟を処分する……30
クローゼットには、あなた自身が潜んでいる!?
新しい自分になる秘訣
瘴気を追い出せ！……36
そうじ以前の大切な話☆
病気や不運を生み出す元を徹底排除する
お清め儀式☆効果的なお部屋の浄化法……40
目にみえない邪気や、病気や不運の元である瘴気を
一掃する方法

あらゆる魔を消す☆魔法の拭き掃除……43
たちまち不調が逃げていく!! 安心守護がやってくる!!
ぞうきんの秘密

不思議な〝玄関スプレーワーク〟……45
その家の運を呼び込むのは〝玄関〟だからこそ、
こう開運させる♪

水神様のご加護で、金運アップを叶える方法……48
あなたの家計の豊かさ具合は、
なんと、家の水場が問題だった!?

〝水切り〟という家運を守る大事な話……52
まさか、そんなことで!?
何気ないその行為が、運を左右していた!!

このアクションで、停滞運気も不運も消える♪……56
あなたの家の中で、最も洗い清めたいもの、
それは、○○○だった!!

Chapter 2

望みのすべてを引き寄せる☆願いが叶う部屋づくり♪
～思いを具現化するために☆自分をとりかこむものをチェックする …… 59

密かにやるほど、効果倍増!!☆叶う願いごとの書き方 …… 60
あなたの書いたものが、不思議なほど叶っていく☆秘密のルール

フラッシュ効果で、夢の未来をいまここに♪ …… 68
部屋は無意識にあなたを刺激している☆いい結果を引き寄せる方法

引き寄せの磁力が働く部屋づくり♪ …… 76
あなたのお部屋を、当然のごとく願いが叶う魔法の空間にする!

あなたの世界観を決定するものとは⁉ …… 79
○○があるかないかをチェック‼
それこそがあなたを幸運に導くもの

〝金庫〟こそ、家にちゃんと置きなさい！ …… 82
あなたの家には、
お金がよろこび、安心してくつろげる場所はある？

金運財布で、お金持ちになる方法 …… 88
マネー事情が劇的アップ‼
お金に恵まれる〝魔法のお財布〟は、これ♪

Chapter 3

自分の居場所がハッピープレイスになる☆運気アップの方法

〜もはや、そこにいるだけでいい☆家があなたをどんどん幸運にする♪ …… 93

神棚・仏壇は、こうして置く……94
最も清浄で、最も気の高い場所にて、
神様、仏様をお祀りする作法

トイレから宝を授ける☆うすさま明王の教え……100
不浄こそが天敵!! 人の幸せの基本を語る☆
うすさま明王さまのご真言

部屋の方位別パワーバランスをみる♪……104
各部屋の方位には意味がある!
八方位の特長と現象と運の関係をみる

鏡の位置と、引き寄せの法則……116
顔はどちらを見ている?
それが、あなたの引き寄せたいものだった!

あなたは眠りながら、「運」をつくっている!……124
磁力に沿って、安眠する☆
すると、目覚めたときに奇跡が起こる!?

うとうとしながら、すべてを叶える♪ 132
このシンプルな秘密の習慣が、
あなたの願いをハッピーな現実にする！

Chapter 4

いつも絶好調な人でいる♪☆幸運に恵まれる生き方

～快適さと心地よさを増やすだけで、あなたに幸せな奇跡が起こる！ 135

小さく、狭い家だからこそ、人は大きな夢を育める！ 136
それがどんな家であれ、
それはあなたのすべてを守り、導いている！

あなたを成功者にする☆感謝の祈り 140
いま住んでいる家こそ、幸運のもと！
やがて、豪邸に住む人になる♪

ひとりごとには、ご用心♪ 144
肝心なのは自分との対話☆
それは、心と運にとって、良いものですか？

食卓の質を、高めなさい！ 147
家庭から運を落とさない☆
すべては、食卓の過ごし方にあった！

押し入れ整理で、運命調整する方法 153
そこに押し込まれているものをみれば、
その家の運気がわかる!?

〝気〟を一新!! 不思議な焼き塩ワーク 157
部屋ごと、家族ごと、運気好転☆
たちまち、幸運招来&富貴繁栄!!

運をひらく☆携帯の電話帳整理♪ 162
ここからどこへ向かい、誰と、何をする!?☆
理想に照準を合わせる

思い通りの人生を叶える☆新居選びのハッピーポイント……169
内覧のときから、
部屋はあなたに「よし・悪し」を語っているもの！

してあきたい☆引っ越し入居時&退去時の儀式……175
家の神様に対して行うことだからこそ、
「恩恵」は後々まで降り注ぐ♪

感謝をこめた「あとがき」……182
この大切な習慣が、あなたと家族みんなを守る♪
～良いエネルギー場は、当然のごとく、あなた自身と人生を良質にする

☆佳川奈未　最新著作一覧……186

本文デザイン　浦郷和美
ＤＴＰ　森の印刷屋

Chapter 1

あなたの家を ゴッド・フィールドにする☆ 魔法のそうじ術

環境をみかたにつけるだけで、
みるみる〝いいこと〟が起こりだす♪

家の波動を変えると、運はぐんと良くなる！

快・不快⁉☆そこは、あなたのすべてを内包している空間だった‼

あなたは自分の家が好きですか？　その部屋は、快適ですか？

いまの家で生活するというとき、あなたは居心地よく、前向きになれ、現状に満足するとともに、未来へのキラキラ光る希望や、大きな夢を、楽しく思い描けますか？

もし、前述のすべてに「Ｙｅｓ！」と言えるなら、あなたの家は、あなた自身の波動と同調しており、あなたの望むものをうまく運ぶ〝幸運のエネルギー場（量子場）〟となります！

もし、前述のすべてが「Ｎｏ！」だとしたら、その家は、あなた自身の波動と同調しておらず、それゆえ、〝異質のエネルギー場（量子場）〟となり、なにかと居心地悪いことでしょう。

ここで最初にわかっておきたい真実、それは、あなたの家はただの箱ではなく、〝場〟であり、エネルギーだということです！

身を置く「部屋」は、あなたの思いや感情のすべての物語を内包しており、それと同質のエネルギーを充満させており、共鳴振動している波動を放っているものです！

そして、その波動にみあった現象をこしらえる働きをする〝量子場〟そのものです。

それゆえ、あなたのいる「部屋」は、あなたのための「小宇宙」といってもいいでしょう。

たとえば、置いているインテリアや小物や置物、壁に貼った絵や言葉までもが、そのときのあなたのすべてと一致する波動を放っていて、共鳴したものを叶えていく＝創造し、出現させるという、神秘とリアルを抱えているからです！

しかし、多くの人は、そのことを知りません。

が、この、家という場が、身を置く部屋が、自分の志向するものと同じ性質のものを抱いているとき、あなたは自分の家、部屋にいて、しっくり落ち着き、快適で、安堵し、心安らぐ空間、うれしいハッピーな空間となるのです！

そして、そういう安心安堵のあるうれしい空間にいられるからこそ、あなたは自分をいつも落ち着かせることができ、いくらでも気持ちの良いことやポジティブな発想ができ、何かを夢みていろんなことを楽しんでやってみたい♪　という、生きる意欲も湧いてくるわけです。

逆に、この、家という場が、身を置く部屋が、あなたの志向するものとはまったく一致していないもの、不本意なもの、むしろ、いやなものをたくさん抱いているとしたら、どうでしょうか？

きっと、そんな空間にいるだけで、なんとなく不快で、落ち着かないでしょうし、自分らしくない感じがし、しっくりこないことでしょう。

たとえば、それは、カーテンひとつを例にとっても、はっきりわかることです！

あなたが自分で選んだお気に入りの可愛い花柄のカーテンを部屋にかけていたとしたら、きっと、その部屋に入るたびに、いい気分になることでしょう。

好きなものがある空間とは、無条件にそういう気分をくれるものだからです♪

しかし、「安かったから！」という理由だけで母親が買ってきた〝好きでもない暗い色のカーテン〟を渋々かけていたとしたら、どうでしょうか？

きっと、部屋に入るたびに、なんとなく不快で、気落ちし、「ほんとに、このカーテン嫌い！」と、自分を害する気分さえ、発生させることでしょう。

そんないやな気分が発生する部屋が、あなたに快適なものをくれることはないのです。

いいですか！　覚えておきたいことは、ただ、ひとつ‼

自分が身を置く家、「部屋」という空間は、いつも、安全で、快適で、心地よく、うれしくハッピーな気分が自然に満ちてくるエネルギー場でなくてはならないということです！　それでいてこそ、あなたの〝幸福度〟も増すということです♪

そこは、毎日いることになる、何年も過ごすことになる、空間だからこそ、一切の不快も、過ごしにくさも、本来、あってはいけないのです。ある必要もないのです。すべて自分でセレクトし、クリエイトできるわけですから！

自分の家に、部屋のどこかに、なにか、たったひとつでも、不本意なものや、好きではないものがあること自体、おかしく、そんなものが多いほど快適さや、満足感や幸福感から、かけ離れるということです！

それはいつでも、身を置く部屋は、ただ、あなたが寝起きするだけの「箱」ではないということです。

家は、身を置く部屋は、あなたとともに生き、呼吸し、思いを抱き、なにかを志向し、ともに未来に向かうパートナーのような存在であり、あなたの向かっている未来を創造する重要なもの＝エネルギー場（量子場）だからです！

それゆえ、その家を快適な、ハッピーな、望むものにすることは当然であり、そうあってこそ、家は、部屋は、あなたをポジティブに明るい方へと導き、願いや夢や憧れの人生までも叶えられるよう、あらゆる善きものを引き寄せていくのです！

つまり、あなたの部屋こそ、ここからさらに快適なものを、良いものを、望むものを、いくらでも自然に、引き寄せることができる「ミラクル・スペース」だったのです！

幸運を拾うために、捨てておきたいもの

たった、これだけのことで、あなたも家も軽くなれ、レベルアップする！

あなたの家のあちらこちらに置かれたものや、収納スペースに押し込んで隠されたものには、あなたの本意とするもの、不本意とするものなどが、たくさん抱えられ、詰め込まれています。

収納スペースにいらないものや、不本意なもの、好ましくないものが、ぎっしり詰まっているほど、また、入りきらなかったものが、部屋の外側にまであふれかえって山積みされているほど、あなたが身を置く空間は、息の詰まるものとなり、自分がしんどいものです。

部屋は本来、あなたを〝余裕で包み込むべき空間〟であり、快適に生きるためのクリーンなエネルギーで満たされているのが望ましいもの！

空くべきスペースがきれいに空けられ、しっかり余裕のスペースが確保されてはじめて、人は、その空間でゆったりくつろげ、快適に、楽に、ハッピーになれるのです。

それは、家にエネルギーが、スーッと通るからです！

というわけで、ここから、部屋にいながら開運し、望みのすべてを引き寄せ、すんなり願いを叶えるよろこばしい暮らしをするために、まずは、空間を邪魔しているものの、不快にしているものを、いっそ、さっぱり捨ててしまいましょう！

快適な空間確保のための掃除の基本は、まず、〝余計なものを捨てる〟ことからはじまるからです！

とはいうものの、なんだか、そこにあるものは、ぜんぶいるような気もするが、

いっそ捨てるべきものは、どのように判断すればいいのか⁉

はい。それについては、次のことを参考に、捨てるといいでしょう！　とにかくまず、気持ちよく、快適空間を確保していきましょう♪

捨てるべきものを捨てる際には、家じゅういろんな場所をくまなくみてね♪

幸運を拾うために、捨てておきたいものは、これ！

□まずは、クローゼットの中にぎっしり詰め込まれた不要な服をなんとかする（※これについては、この後の項で詳しくお伝えしますので、それを参考にどうぞ♪）

□人からもらったのはいいが、まったく趣味ではない木彫りの置物や、やたらと大きく場所を取るだけの、前から捨てたかったけど、しかたなく置いていた嫌いな置物。なんとなく怖い人形のおみやげ。海外の魔除けグッズ。

□葬式の香典返しにもらったわけだが、思い出すたび悲しく、

☐ ドーンと気持ちが落ち込むような、暗い色をまとった使いたくない食器

☐ お中元やお歳暮でもらったものの趣味ではなく、使い勝手の悪い器たち。しかも、もう何年も使わずにいて、きっとこれからも使わない食器など。

☐ なにかあったら使うだろうと思って、ため込み続けた、紙袋やお菓子の箱や缶

☐ いつからともなく置きっぱなしになっている新聞や雑誌たち

☐ もう不要となった書類やコピーしたもの。何かしらの切り抜き、チラシや広告などの紙類

☐ 完全に止まってしまって用をなさないのに、置いてある壊れた時計

☐ チャックやどこかが壊れているが、高かったので捨てるに捨てられず、使いもしないのに部屋の隅に積みっぱなしにしている

☐ いくつかの不要なバッグ

☐ 押し入れを占領するだけのいらなくなった布団や毛布

☐ 「何が入っているのかわからない」という、もう何年も開けていない押し入れの中の段ボールとその中身

□シンクの下に押し込んだ壊れたフライパンや鍋やどんぶり

□風呂場に散乱する〝底にちょっとだけ中身が残っている〟が、まったく使わないであろうシャンプーやリンスやボディソープやトリートメントの容器

□集め過ぎてしまったぬいぐるみや、ゲームセンターでとった景品で、もうまったく愛していない、邪魔でしかないものになってしまったもの

□庭先や玄関先に放りだしたままにしている、壊れてさびて動かない自転車や、大型の不用品など

いかがでしょうか？　このような、もう、まったく用のないもの、スペース妨害になっているもので、不本意なものが、あなたの家にもありませんか？

あったら、とっとと、いさぎよく、捨ててしまいましょう！

捨てないのだとしたら、それはいったい何のためか⁉

もったいないというのなら、ケアして、愛《め》でるしかありません。が、邪魔にしかなっていなかったというのなら、もはや、潮時《しおどき》です。

不本意なもの、壊れたもの、使わないもの、使えないもの、用のなくなったもの、不快で邪魔でしかないものが、すぐに目につくところにあるというのは、あなたをその空間で、まったく、くつろがせないことになります。

あなたの身を置く空間は、いつも、すっきり、クリーンに快適にし、余裕で美しいエネルギーが流れていなくてはなりません。

家を、部屋を、収納空間を、スッキリさせ、美しいエネルギーの空間を確保したならば、宇宙は、その空いたスペースに、もっと良いものを、さらに幸運になるものを、追って届けてくれます♪

自分の〝不本意な歴史〟を処分する

クローゼットには、あなた自身が潜んでいる!?

新しい自分になる秘訣

あなたが直接、身にまとう洋服は、あなたと共に日常を過ごし、さまざまな経験や思いを含んでおり、それを呼び起こさせたりするものです。

また、その洋服がしまい込まれているクローゼットには、その時々のあなたの感情、うれしくわくわくするものや、幸せなもの、落ち込んだものや悲しいものなど、その洋服を着て出かけ、一緒に時を過ごしてきた〝自分の歴史〟が隠れているものです！

ここでは、そのクローゼットから、不本意な自分の過去の場面や歴史を処分し、新たな自分を生み出す方法をお伝えしましょう。

とはいうものの、女性は、なかなか洋服を捨てたがらないものです。自分の大事なお金をはたいて買ったわけですからねぇ〜。

しかし、次のようなものは、積極的に捨て去ることで、むしろ、自分の過去の場面や歴史をクリーンにでき、新しく生まれ変われ、よりハッピーになれるものです！


まず、そのクローゼットから捨てたいものがあるとすれば、ズバリそれは、かつて、病気をしたり入院した頃に、病院へ行くためにと買った洋服です！

クローゼットを開けて、その服を見るたびに、病気していた頃の元気のない自分に再び出逢うのは、ちょっと気落ちするものです。

もう、元気になったのなら、そのお洋服には「あの頃は、ありがとう」と、別れを告げてもいいのです。


実際、わたしは、かつて病気していた頃に買った服をクローゼットの中で見るたびに、辛かった時期を思い出してしまい、そのつど、気分がめいる……というのを経験していました。

その服が「あなたは病気だったね」と、元気になった自分に、いまも告げてくるのが、いやでなりませんでした。そして、思い切って、捨てたとたん、自分が病人であったという記憶まで消え、ほんとうに、生き生き過ごせるようになったのです！もう、わたしのクローゼットには、病気の歴史はありません♪

なにか、辛いものやいやなものをフラッシュバックさせるような洋服は、捨てるに越したことはないのです。

次に、別れた彼とデートしていた頃によく着ていた服や、最後のデートで「さよなら」を告げられた日に着ていた洋服も、捨ててしまいましょう。

彼とデートするために買った洋服は、たいがい、美しいもの、高価なもので、自分に似合う洋服であるはずです。

しかし、もはや、その洋服を鏡の前の自分にあてても、笑顔になれないとしたら、もう、まったくいらないのです！

自分を笑顔にしない洋服、辛い思いを誘う洋服を、わざわざ新しい人生を叶えようとしている自分が着る必要もないのです！

また、バーゲンで安かったからという理由で買ったものの、2年も3年も着たことがないし、これからもたぶん着ないだろうなぁという洋服は、なにか袖《そで》を通せない理由が自分の中にあるものです。

人からもらったお古の洋服や、リサイクルショップで買ったものの、まったく着る気がしないという洋服も、もう、処分してもいいのかもしれません。

ちなみに、洋服は、直接、身にまとうものであるがゆえに、人のお古やリサイクル品には前の持ち主の残留思念や歴史もそこにのっかっているものです。それは目には見えなくても、感じてしまうものです。

それゆえ、その、なんとなく感じるもの（まぁ、それがエネルギーなわけです）が、なぜかどうも気が進まない、快適ではないという場合は、やはりあなたの魂は、買ったものの その洋服に袖を通せないわけです。

また、自分が買ったものだけど、「どうもこの洋服を着ている日は、ろくなことがない！」という洋服は、いっそ、厄落としのために、不運の連鎖を断ち切るために、捨ててしまうのもいいでしょう！

実は、わたしは、以前、素敵なシルクのワンピースを買いました。それは、とてもデザインが美しく、清楚で、エレガンス。にもかかわらず、なぜか、なぜか、その洋服を着ている日に限って、人にいやみを言われたり、仕事で思わぬミスをしたり、彼氏と喧嘩したりが、続くのです。

その洋服の何がそうさせるのかはわかりませんでしたが、とにかく、気分が悪いので思いきって捨てることに。

そうしたとたん、「この洋服を着ている日は、ろくなことがない！」というようなジンクスも、いやな出来事もすっかりなくなったのです。

さて、クローゼットから捨て去りたい服は、あなたには他にもあるかもしれませんね。その不本意なものを捨てて、本当にうれしい、幸せな気分になるお洋服を増やしていくといいでしょう。

ちなみに、最もうれしく、テンションが上がり、幸せな気分になる洋服は、部屋の一番いい場所に、ディスプレイするのもいいでしょう！

部屋に入るたびに、そのハッピーな洋服が目に入るやいなや、思い切りいい気分をくれることになり、自然とエネルギーが高まり、波動がよくなり、いいことを引き寄せます♪

瘴《しょう》気《き》を追い出せ！

そうじ以前の大切な話☆
病気や不運を生み出す元を徹底排除する

家で毎日しておきたいことがあります。それは、部屋の換気（空気の入れ替え）とそうじ（掃除機で細かいチリや埃《ほこり》も吸い込み除去する）です！

というのも、部屋には、チリや埃がたまると、臭《にお》いもたまるからです。

また、その部屋で過ごしている人のあらゆる感情の残骸エネルギーが充満しているからです。

そういったものを一掃するには、たとえ、ほんの5分か10分でも、玄関を開け、窓を大きく開け放ち、換気扇をまわし、空気を入れ替えることがとても重要です！

部屋に空気清浄機があったとしても、外の空気と入れ替えるのです！

こうしないと、**部屋には、チリ、埃、臭い、汚染空気、負の感情の残骸である念波などが、溜まり込みやすく、それが病気や不運のもとになる「瘴気《しょうき》」（病気や不調の原因となる停滞した汚れた気）となってしまうからです！**

ちなみに、これは余談ですが、ある救急隊の方から、「病人が出る家は、たいがい汚い」という話を聞いたことがあります。

玄関や窓を開けない、換気をしない、そうじをしない、ネガティブな感情をぶちまける、内にこもって陰気に過ごすでは、部屋の波動も下がる一方です。そんな部屋にいる自分も本当はしんどいはずなのですが。

さて、以前、「瘴気《しょうき》」がたまって、病気と不運をたくさん抱えている50代の女性がセッションにやって来たことがあります。そういう人は、たいがい、ものすごく臭《にお》います。うわっと、鼻をつくほど、はっきり臭うものです。

けもの臭《しゅう》というか、得体の知れない臭いを放っているものですが、本人は、もう、毎日のことで慣れているので、その臭いに気づいていません。

しかも、「瘴気《しょうき》」がたまった部屋には、たいがい、低級霊や浮遊霊が寄りたがるもので、それゆえ、不運が増長されるわけです。

そして、この方に、話を聞いてみようと、いろんなことを質問すると、なんとその50代の女性は、窓を開けるのはいやだ、換気は邪魔くさい、お風呂は嫌い、人間関係が苦手、病気がち、仕事とお金がない、うつ状態、パートナーがいない、近所づきあいもない、親とも疎遠などなど、本当に厄介な、しんどい問題を多く抱えていました。

そして、わたしが「〝瘴気《しょうき》〟が家にたまると、病気や不運のもとになるから、せめて、家の中の空気からだけでも、元気な良いものにしましょう！」と、換気やそうじや入浴をおすすめしたところ、「はっ？　そうじしなきゃいけないんですか？　面倒くさいんですけど」の一点張り。

いや、だからですよ、自分自身や人生がおかしくなるのは！

身も心も空間も清潔にし、きれいな空気とエネルギーの中で生活するのは、健全に生きようとする人間のつとめです。

自分がそこにいて快適にハッピーにしようと思ったら、やはり、心にも体にも部屋にも新鮮な風を通し、きれいにするのは、当然のことであり、それこそがとても気持ちのいいことだと、わかることが大切なのです。

ちなみに、「瘴気《しょうき》」が消えると、ほんとうに、うそみたいに厄が落ち、不調が消えていろんなことが好転してきます！

お清め儀式☆効果的なお部屋の浄化法

目にみえない邪気や、病気や不運の元である瘴気を一掃する方法

家の中から、いらないものを捨て去り、スペースをすっきりさせ、掃除機をかけて、チリや埃を吸い取ったなら、やっておきたいお清めの儀式があります！

ズバリ、それは、〝ホワイトセージでの空間浄化〟です！

やり方は、ホワイトセージの葉先に火をつけ、家の中心からみて東北から、時計まわりに、部屋の隅すべてをその煙でいぶしていく！　というものです。

ホワイトセージの葉先に火をつけても、すぐに消えてしまうので、できればいくつ

かを束ねて、しっかり火をつけ、煙を立てます。

その際、灰が床に落ちるといけないので、お皿などで、受けながら、部屋をまわります。

家の中心からみて、東北から時計まわりに、部屋の隅すべてに煙をくゆらし、浄化していくわけですが（窓は開けておいてね）、このアクションを3回行います。つまり、3周やるということです。

終えたら、そのあとは、しっかり換気し、臭いが残らないようにします。

実際、やってみるとわかりますが、部屋の気がパキッと、スッキリクリーンになり、なんとも言えない清々しさを生み出し、気分爽快となります！

この状態こそが、部屋から完全に邪気が払われ、空間浄化できたサイン♪

この〝ホワイトセージでの空間浄化法〟は、家の大掃除をするたびに、あるいは、最近、いやなことが続いているというようなときに行うと、効果的！

やるときは、必ず、家のそうじをしてから、行ってね。

そもそも、そうじをしない、部屋の換気もしない、掃除機もかけないというような、くすぶった中で、ホワイトセージだけやっても、意味ありませんからね。しっかり、そうじを行って、仕上げに行うというようにしたいもの。

きっと、そこから、なにか良い変化を感じられるはず♪

あらゆる魔を消す☆魔法の拭き掃除

たちまち不調が逃げていく!! 安心守護がやってくる!! ぞうきんの秘密

ここに、家中の邪気を取り除き、魔除け効果にもなる、〝魔法の拭き掃除〟があります！

やり方は、かんたんです♪　バケツにお水を入れ、その中に、ごく微量の、耳かき一杯程度の粗塩と、1、2滴の日本酒を入れ、そこに、新しい雑巾をひたし、絞り、その雑巾を使って、家中の拭き掃除をするというだけです。

その際、決して、粗塩やお酒を多く入れないでください。

多く入れるより、入れたかどうかわからないくらいの、ほんのわずかな量でやるほど、深遠な効果を発揮するからです！

絶対に、たくさん入れないでくださいよ。

さて、その雑巾で、家中の壁や、床を拭くのはもちろん、家具や、ホコリをかぶった置き物や小物なども、しっかり拭きそうじします！

錆《さ》びるのが気になるものは、拭かないよう注意してください。錆びるのが気になるようなものは、その雑巾の布先で、ちょっと埃を払う程度でＯＫ！

なお、この粗塩とお酒の気の入った雑巾がけをすることで、家の中に漂っていた負のエネルギーや霊的作用をも一瞬で消去する作用があります。

あらゆる魔を消す、この魔法の拭き掃除、気になる方は、さっそくやってみて♪

たちまち運がよくなり、自分に起こる出来事が良質になり、日常がみちがえるものになるでしょう！

不思議な〝玄関スプレーワーク〟

その家の運を呼び込むのは〝玄関〟
だからこそ、こう開運させる♪

いまからお伝えする不思議な〝玄関スプレーワーク〟は、前項同様、粗塩とお酒を使いますが、バケツではなく、「霧吹き」を使うのが、特徴です。

まず、用意した「霧吹き」の中に水を入れ、ごく微量の粗塩と、ごく微量の日本酒（1、2滴くらい）を入れ、よくシェイクして、スプレーとして使います。

やり方は、次の通りです。これは、家庭内で、悩みごとやいやなことや不調や人とのトラブルや辛い金銭問題が続いているときに、集中的に7日間やるといいでしょう！

このワークは、玄関と土間に行います。

☆不思議な〝玄関スプレーワーク〟のやり方☆

1☆まず、玄関のドアを開け放ち、部屋の中から玄関に向かって、立ちます（土間に立つのではありません）。


2☆開け放した玄関に向かって立ったら、前述のようにつくった水の入った「霧吹き」を持った腕をしっかり玄関側に伸ばしつつ、自分の頭より高い位置から、シュッ、シュッ、シュッと、「霧吹き」の中の水を放ちます。

このとき、水が、自分の頭にかからないようにします。

最初にシュッ、シュッ、シュッと、かけた水が土間にゆっくり落ちたのをみはからって、また、シュッ、シュッ、シュッとやります。

これを何度かし、土間がはっきりと濡れているのがわかるくらいになったら、クッキングペーパーか、乾いたぞうきんで、
しっかり土間と玄関ドアを拭きます。水気が残らないように！

たった、これだけでＯＫ！　このワークにより、運の入り口である玄関に停滞していた負のエネルギーが除去でき、邪気が払われ、家にいやなものが入ってこなくなり、「幸運を呼び込む玄関」となります！

なお、最近、家の中に何かと問題や悩ましいこと、人とのトラブル、人に嫌がらせをされること、人間関係がもとで争いや不本意なことや理不尽なことや不運を呼び込むようなことが続いていたという場合は、立て続けに７日間このワークをするといいでしょう。長くて２週間もやり続けると、はっきり良くなった実感がするはずです！

悪い人たちがみごとに退散し、うそみたいに運が良くなり、平和に、よろこびに満ちた生活を取り戻せます！

お商売をしている方は、これを日課として、お店の開店前に、お店の玄関から外に向かって、密かに行う習慣を持つことで、店にいやな人がやって来られなくなり、いいお客さんや取引先に恵まれ、評判の良さと幸運と商売繁盛を叶えることになります！

水神様のご加護で、金運アップを叶える方法

あなたの家計の豊かさ具合は、なんと、家の水場が問題だった⁉

さて、家の水場を、あなたはきれいにしていますか？

家の水場である、キッチン、洗面所、トイレ、お風呂には、それぞれ、その家の健康運や仕事運や金運を司る「水神様」（龍神様）がおられます。

この「水神様」は、きれいな清らかな水場を好むものであり、水場のきれいな家には、家族の健康や幸運、経済的成功を、もたらしてくれます！

逆に、水場が汚いと、その家の運気は、ガタッと落ちることになります。

さて、これは余談ですが、わたしの行なっている「チャネリング」（視える・聞こえる・わかる）のセッションに来られる女性の方で、家族とうまくいっていない方や、家族に病気やケガがたえない方や、仕事がうまくいかない方、借金や金銭的問題を抱えている方の家をチャネリングによって霊視すると、キッチンや風呂場やトイレがものすごく汚い方が多いものです。

それを指摘すると、案の定、「はい……わたし片付けが苦手で、キッチンも風呂も汚いです。赤い水垢がたまっていて、気持ち悪くてよけい掃除できないんです」と言うものです。

「汚いそのお風呂に入っていて、気持ちいいですか？　くつろげますか？」

「いや、それが……。だから、風呂が落ち着かず、風呂にあまり入りたくないんです」

という始末。

いいですか！　自分の家の中に、住んでいる自分が管理できるスペースに、どこか一か所でも、〝気持ち悪い場所〟など、あってはいけないのです！

掃除するのも気持ち悪い場所が水場だとしたら、あなただけでなく、家族だけでなく、それ以上に、「水神様」も、気持ち悪いと感じているはずです。

そんな家では、「水神様」も、大きな幸運を授ける気も起こらないでしょう。

ちなみに、「水神様」が不快に思うほど、水場が汚い、つまり、食べたものをずっとそのままにしてあるキッチンや、シャンプー等のボトルが散乱し、赤い水垢のたまったお風呂、掃除のされていない臭うトイレのすべてがある家は、たいがい、子どもにもそのよくない影響が出るもので、たとえば原因不明の体調不良や、心を病むような状態が起こりがちです。ときには、登校拒否を起こす場合も。

しかし、ひとたび、親が、家中を掃除し、水場をきれいにし、住みにくい落ち着かない家にしていたことを子どもにわび、思いやることで、子どもはみるみる良くなるものです！

そういう例を、もう、何度も見てきました！

水場をきれいにするとたちまち家族みんなが、健康になり、パワーアップし、そのパワーがその家の幸運、仕事運、金運を高めることになるわけですが、それは、水場をきれいにすると、「水神様」(龍神様)がよろこぶからです!

水神様を快適にしてさしあげ、よろこばせてあげることは、自分自身や家族みんなを快適にし、よろこばせ、幸せにするのと、同じことだったのです。

〝水切り〟という家運を守る大事な話

まさか、そんなことで⁉
何気ないその行為が、運を左右していた‼

ここでお伝えする行為は、ぜひ、家事をするすべての女性（その家の主婦、もしくは主夫）に気をつけ、守っていただきたいことです。

ズバリ、それは、**キッチンで、洗いものをしたり、米をといだり、料理の下ごしらえで野菜を洗ったりと、水仕事をした際には、必ず、〝乾いたタオルでしっかり手をぬぐう〟という「水切り」行為を、ちゃんと行ってから、次の動作に移る！　ということです。**

この、「水切り」をしないまま、つまり、水で濡れた手をタオルでぬぐわず、そのまま水滴のついた手で、火をさわる（火にかけたフライパンや鍋をさわる、次の何かをする）という行為は、「水火の障り」を受ける行為となるからです。

そもそも、キッチンというのは、「水」と「火」という〝相反するエネルギー〟が同居する場所です。すなわちそれは、家の中で、最も〝神の作用〟が大きく出る場所だということです。

その家に、神の作用が入るのは、火と水を通してだからこそ、水の扱い、火の扱いには、充分、気をつけ、余裕をもって、次の動作に入ることが大事なのです！

ちなみに、水をさわったあと、手をタオルでぬぐいもせず、濡れた手のままで火をさわる（火にかけたフライパンや鍋をさわる）ということは、その人が、水を火に移すという〝運を剋《こく》す動作〟なのです。

しかも、濡れた手をタオルでぬぐうという、ほんの1秒程度のわずかなこの〝安全安泰の間《ま》〟〝神の守護が入る間《ま》〟を持たないほど、せわしい、あわてている、乱暴な、雑な動きをする主婦（もしくは、主夫）が、家の中にいることで、〝家庭の安全安泰を生み出すチャンスを壊す〟ものとなるのです。

〝ささいな心がけの欠如〟や〝必要なことを必要なこととしない余裕のなさ〟を持って、家の中の用事をすることがよくないのであり、それゆえ、「水切り」をせず、キッチンにいる主婦（もしくは、主夫）がいる家庭では、ケガ・トラブル・問題・事故・災難が起きやすく、要注意なのです！

また、最も悪い行為は、キッチンで「水切り」をせず、次の行為にうつることです。たとえば、せかせか雑に家事をし、イライラして家族にあたりちらし、いやな言葉を吐いたり……。バタバタ音を立てて家族を威嚇したり、ストレス発散のための行為をしたり、夫婦ゲンカをふっかけたり。そういったことは家庭崩壊・家運衰退・事故・トラブルを呼びがちなもので、絶対に、よくありません。

また、そういう中で育った子どもは、その親の在り方のまちがいを正すべく、不本意にも、何かしらの状態を通して、家庭に（お母さん、もしくは、お父さん、あるいは、両親どちらもに）警告を鳴らすものです。「その余裕ない心を、態度を、改めて！」というように。

ちなみに、**優しく穏やかな主婦（もしくは、主夫）が、家事の中でしっかり「水切り」し、楽しんで、余裕をもって家事を行い、愛情をこめて温かい料理を食卓に出し、楽しく和気あいあいと食事をする習慣の中でこそ、神の作用は、いい形で現れます！**

濡れた手をしっかりタオルでぬぐうという「水切り」をちゃんと行う→そこからあらためて鍋をさわる（料理する）という〝余裕のリズムと行為と丁寧な心がけ〟を持つことで、その家に、神の守護である「安全安泰の幸運リズム」を生み出すことができ、しっかり守られ、家庭円満・幸福招来・富貴繁栄を叶えることができるのです♪

このアクションで、停滞運気も不運も消える♪

あなたの家の中で、最も洗い清めたいもの、
それは、○○○だった!!

あなたは、寝ているお布団のシーツをどのくらいの頻度で、洗いますか？

もし、あなたに不調が長く続いていたり、スッキリしない運気に悶々としていたりするというのなら、いますぐ、シーツを洗うことです！

というのも、シーツは、あなたの意識・無意識の両方が抱える〝負のエネルギー〟を毎晩吸収しているからです！

その負のエネルギーは、洗濯機で洗うことで、おもしろいほど、シュルシュルシュルと、逃げ、消えていきます！

負のエネルギーは、水で落とせるのです！

それが証拠に、荒行では水場で、滝に打たれて身を清めるというのがあるわけですが、これも水の力で、よろしくないものを取り去る作用があるからです。

さて、これは、余談ですが、わたしの知人で、医者であり、医療気功を行ってもいる先生が、こう教えてくれたことがあります。

「もし、体調不良や、低迷状態がなんとなく続いている、思わしくないことが起こったり、仕事に邪魔が入っていいところで壊れる、ということがあるのなら、シーツを続けて毎日洗ってみてください。すると、いきなり、運気好転しますよ！

あるいは、辛い思いを抱えて寝ていた時期に使っていたシーツは、いっそ、捨てて、新しいものに買い直すことです！

シーツが変わるだけで、体調や心境や運気が変わって、その人が良くなることを、わたしは医療気功に来た患者さんで、もう、何人も何人も見ていますから」と。

洗い立ての寝具は、あなたに洗い立てのおニューな運気をくれるから、すごいのです！

気になることがあったなら、シーツを洗う習慣を♪

Chapter 2

望みのすべてを引き寄せる☆願いが叶う部屋づくり♪

思いを具現化するために☆
自分をとりかこむものをチェックする

密かにやるほど、効果倍増‼☆叶う願いごとの書き方

あなたの書いたものが、不思議なほど叶っていく☆秘密のルール

あなたの家で、これこそ、最もやっておきたいことというのが、あります！
それは、夢に向き合い、素直に「願いごとを書く」ということです！
できれば、ひとりの時間に、静かに行いたいもの♪

というのも、**「願いごとを書く」という行為は、ひとり、静かに、他人に知られず、シークレットに行うことで、成就力を高め、効果を発揮するからです！**

きっと、あなたは、家でくつろいでいるとき、何気なく、夢や願いや望みについて、想うことでしょう。

それを、紙に（ノートに）書くという行為を通して、明確にすることで、その「願いごと」は、夢うつつや幻から、ちゃんと正体のある「本物」になることができます！


というわけで、さっそく書いてみましょう！

といっても、効果的にやりたいもの。次のように、どうぞ♪

ちなみに、使う紙は、白いコピー用紙でも、びんせんでも、お気に入りの可愛いノートでもなんでも、ＯＫ！

また、筆記用具も、ボールペンでも、カラーペンでも、好きなものをどうぞ♪

☆密かにやるほど、効果倍増!!　叶う願いごとの書き方☆

1☆1回に書く「願いごと」は、8つ以内に!!

あまりにも多すぎると、エネルギーが分散し、成就しにくいからです。また、多すぎると、自分も覚えていられないし、優先順位がつけにくくなるからです。

もし、たった一つしか「願いごと」がないという場合は、その「願いごと」をメインに書きつつ、それを叶えるための補足事項を書き足すといいでしょう。その際も、8つ以内とします。書き方は、タテでもヨコでもOK。

2☆書く言葉は、完全、言い切りで‼

「わたしは、○○を叶えます！」

「わたしは、○○になります！」

「○○をします！」というように。

決して、「～になれますように」とか「～が叶いますように！」などと、しないこと。それというのは、まるで、あなたの「願いごと」を叶える・叶えないを、あなた以外の何者かが握っているという感じになるからです。

いつでも、叶えるのは、あなた自身であり、叶えることを自己宣告し、自分に誓うだけでいいのです！

自分に誓うとき、神にも（宇宙にも）誓ったことになり、それは叶うしかなくなります！

いつでも、〝誓う〟という行為には、最強の成就パワーがあります！

3☆叶える時期も、加えておく

「3か月以内に！」「今年中に！」「2年以内に！」というように。

4☆1〜3までのものを、2通同じものをつくる（ノートを使った場合は、別のページにもう一度同じことを書く）

2回同じことを書くことで、自分がそれを本当にそう思っているか、ちょっと違うか、はっきりわかります。

2回書きつつ、自分が自分に念を押しているわけですが、そこで、いまの時点で、本当に叶えたい「願いごと」が、はっきり、クローズアップされるものであり、自覚しやすくなります！

自分が何を本当に叶えたいのかを自覚することは、とても重要!!

それゆえ、これは、めんどうでもぜひ（2回目は別の日にせず、同じ日に書いてね）。

紙に書くという行為は、あなたの五感を効果的に刺激する行為であり、2回繰り返して同じことを書くことで、あなたの願いはあなたの中で「確定」（許可と納得を受け取る）され、潜在意識に強く刻まれ、すごい偉力を発揮するものとなります。

ちなみに、書いたものは、パソコンや携帯に保存しません。してもいいけど、みないようにします。

というのも、最も効果的なのは、紙に書いて、その紙を、タンスの中か手帳の中かベッドの下にしまい込んで、書いたことすら、すっかり忘れておくことだからです。

いいですか！　意識しすぎたら、ダメなんですよ。すっかり、忘れておくくらいの余裕でないと。というのも、執着になると、エネルギーが重くなり、こちらのエゴが強くなり、叶わなくなるからです。

書いたあと、すっかり忘れておくとき、それは、あなたの意識的な領域から「潜在意識」という〝無意識の領域〟（神の領域・すべてが可能な創造の根源・なんでも強制的に叶えてしまう世界）に、すんなり引き渡されます。すると、すごい魔法力が発揮され、いやがおうでも、やがて、叶うことになります！

ちなみに、本当に叶えたいことは、書かずにはいられません。心の内側から、外側に引っ張り出してきて、この目で見て、確認したい衝動にかられます。

そのとき、書かずにはいられないわけです。書いた言葉だけでもいいから、その世界を、この目に、いま見たいからです！ 書くだけで、その願いは見えるものとなり、いつでも、見えたものは、叶うのです！

もし、「書くのは、じゃまくさい……」というのなら、その願いは、〝書くまでもない、どっちでもいいこと〟なのでしょう。ならば、書く必要はないのです。そのかわり、夢うつつで終るだけです。

さて、**2通とも書き上げたら、必ず3回、小さく声に出して、読みかえしてみます。この行為は、とても大切です！　それは、書き上げたときにのみ、たった一度だけでよく、何度もする必要はありません。**

さて、注意事項としてお伝えしておきます。

1回目を書いたあと、2回目を書く前に、まず声に出して読んでみてください。すると、その「願いごと」でいいかどうか、何かがわかります。また、それが自分にマッチしているか、違和感があるか、すでに叶える気持ち満々でいるか、まだ自分の中で準備できていないかもわかります。

また、叶えたいと思って書いたものの、読んだときに、心のどこかで、「叶わないだろうけど」と感じていたりするものなども、チラッとみえたりします。

逆に、「これは絶対に叶えたいことだ！」というものも、わかります。

何かを長い言葉で書いた場合、どうもこの言葉がひっかかる、とか、この言葉では弱い気がするとか、違う言葉で書きたいと思うようなことがハッキリします。

なんだかウソっぽいとか、自分の正直な気持ちでないとかも。

そういったことがあったなら、しっくりくるまで言葉を選び、完全にいまの自分にフィットするものになるよう何度でも1回目の紙を書き直し、同調できるものへと修正していくことです。これによって、いろんな「真実」がわかるから、とてもいいのです！

いまの自分にフィットするものを書き上げたとき、なんだか、清々しく、爽やかな高揚感があふれ、叶うことを心の奥底で確信することになるでしょう！

この作業をした後に、2回目を書き上げると「これでいい！」という感覚がくるはずです。

それがあなたと願望と結果の波動が同調したサイン♪　この状態で3回読むことで、願いは叶うことになるのです。

フラッシュ効果で、夢の未来をいまここに♪

部屋は無意識にあなたを刺激している☆いい結果を引き寄せる方法

さて、願いごとをうまく叶えるための方法が、ここにもう一つあります！

それは、フラッシュ効果で、あなたの叶えたいことや手にしたものや望みの状態を、「潜在意識」という〝無意識の領域〟に、意識的に送り込むというやり方です。

前項では、願いを叶えるためにその内容を紙に書きました。そして、そこに執着しないために、どこかにしまって、すっかり忘れておく＝手放すことを通して、「無意識の領域」にバトンタッチし、完全にまかせてしまうというやり方でしたね。

いまからお伝えするやり方は、前項で紙に書いた言葉よりも、もっとシンプルです。

それは、短い言葉を大きな紙に書き、壁に貼りつけて、チラッと見るだけ♪　というものです。

これも同じく、「潜在意識」という〝無意識の領域〟をみかたにつける方法ですが、ここでは、あなたは書いたものをチラッと見る、それを日常的にやる、という「フラッシュ効果」を使います。

やり方としては、A4サイズのコピー用紙や好きなサイズの画用紙などに、叶えたいこと、手にしたいもの、なりたい状態を、「短い言葉」にして書き、部屋の壁の目立つところに貼り、それを部屋に入るたび、チラッと見るだけ♪ というものです。

紙を壁に貼っておくというのは、意識的な作業ですが、チラッと見る行為は、ほとんど無意識に目に入る程度でいいのです。

チラッと見るその瞬間は、1秒すらなくていいのです。なんなら、「あの壁の言葉、いま、目にちゃんと入ったっけ♪」くらいでもOK。というのも、フラッシュ効果は、見る時間の長さが重要なのではなく、〝頻度〟がものをいうからです！

さて、たとえば、「年収1000万円になる！」「10カラットのダイヤモンドを身につける女になる！」「自分のサロンを持つ！」「今年中にマイホーム！」「起業して成功する！」などと書いたものを、壁に貼るとします。

その際、「買う」とか、「お金のだんどり」を連想させるような表現は、書かないようにします。

というのも、「潜在意識」という〝無意識の領域〟を刺激して、願いを叶えるというとき、潜在意識は、驚くようなやり方で、叶った結果をこちらに与えてくれることになることが多いからです！

たとえば、あなたが10カラットのダイヤモンドを身につけたいというとき、あなたはお金を必死で貯めて買うこと以外、頭にないかもしれませんが、もしかしたら、突然、すごいお金持ちの人との出逢いがあり、プロポーズされ、お相手からそれをプレゼントされて、叶うこともあるからです！

マイホームも、ローンを組んでお金を払い続ける形ではなく、大きな豪邸を持っている予想もしなかった人から、何らかの理由で「ここに住んでもらえないか」と無料で豪邸を譲り受け、住むことになったりもするからです！

さて、話を戻しまして……書く際は、白い紙に、太いマジックで、文字をでかでかと大きく書くのが効果的♪　さらにキラキラさせるべく、なにか、模様やイラストをあしらってもかまいません。

また、文字ではなく、ときには、ほしいものの写真や、広告に掲載されたビジュアルでもOK！

この壁に貼った紙や写真などは、まじまじと何度もしつこく見る必要はありません。意識しすぎると、執着が入るから、かえってよくないからです。これは、前項の紙に書いて、しまい込む理由と、同じです。

そうではなく、〝貼ってある〟というだけでよく、チラッと一瞬、目に入るだけでいいのです！　秒数ではなく、〝頻度〟が効果を生み出すものとなるからです！

「書いたものを貼ったくらいで何になるんだ!? そんなことで叶うなら、誰も苦労しない!」などと、言いたがる人もいることでしょう。

しかし、はっきり申し上げておきましょう!

壁の紙が何かするわけではありません。

その、チラッと一瞬、何気なく、あなたの目に、心に、入るということが、フラッシュゲームのような状態をつくり、あなたの「潜在意識」という〝無意識の領域〟(神の領域・なんでも強制的に叶えてしまう世界・すべてが可能な創造の根源)に刻みこまれ、やがて、それが日常のふつうの回路を通って、具現化する! ということです。

ちなみに、人は、自分が無意識に抱えている大切なことや、気がかりなこと、叶えたいことには、自然に、かかわるような言動をとるものです。

〝無意識の領域〟には、強制的作用があるがゆえに、それを無視することはできません。

しかも、そこは、いったん、刻み込んだものを、なんとしても引き寄せ、獲得する能力にたけています！

それゆえ、それが叶うまで、その人を無意識的に突き動かし、超自然的な流れの誘発とチャンス獲得と結果へつながる有力な情報入手と適《かな》った行動で、見事にそれを叶えてしまうのです！

この書いたものを壁に貼るという、なんともシンプルなことで、とんでもない大きな結果が生み出されることになり、やったあなた本人が、一番、驚くことになるでしょう！

叶えたいことの大小に関係なく、とにかく、なんでも、叶えたいこと、望んでいること、引き寄せたいものを、短い言葉にして、貼っておいてください。

ちなみに、わたしは、所持金9万円で上京した際、「3年以内に億万長者になる！」「海外アーティストとコラボする！」「自分のラジオ番組！」「エイベックスから作詞家&歌手デビューする！」「アメリカでディナーショーをする！」「家を数軒持つ！」「カーネギーの舞台に立つ！」という大それたことも、画用紙にマジックででかでかと書いて、貼って、フラッシュ効果で叶えたものです。

しかも、**貼っておくと、不思議なもので、それが叶う道筋や方法や、キーマンや仲間がどこからともなく現れ、ぐんぐん叶う方へ、叶う方へと、より良く導かれるようになります。**

そして、導きについて行くべく必要な行動をしているうちに、遂に、叶うことになるのです！

ちなみに、これを実際にやるとわかりますが、書いて、貼ると、もう半分達成したような気持ちになるもので、同時に、どこからともなく余裕とパワーと高揚感と安堵が現れるものです。

そして、何を隠そう!!　この〝安堵〟こそが、「結果と同調する波動」を持つものであり、続いて目の前に結果が現れるのです！

さて、壁に貼ってあるものを、「もう見る気もしない」「あきた」というとき、それは、フラッシュ刺激の〝やめどき〟が来たということですから、もう、チラ見遊びは、やめてOK。そのとき、フラッシュ効果が発揮されるのに必要なエネルギーが充分すぎるほど、あなたの「潜在意識」に貯まり込んだ証拠であり、まもなく叶うことになります！

引き寄せの磁力が働く部屋づくり♪

あなたのお部屋を、当然のごとく
願いが叶う魔法の空間にする！

ここに、引き寄せの磁力が働く部屋づくりの秘密があります！
それは、あなたの部屋を、叶えたいこと、望むこと、引き寄せたいことに、関係するもので、埋め尽くす！　ということです。

たとえば、恋人がほしいなら、ロマンチックな映画のＤＶＤを机の上に並べるのです。また、デートするならこの洋服だわという素敵なワンピースを、部屋の目立つ場所にかけておくのです。

また、豪邸を買いたいなら、憧れの輸入住宅雑誌を部屋に置いてみたり、実際に住宅展示場でもらったパンフレットを机に並べて置くのもいいでしょう。

なんなら、輸入住宅雑誌の中に掲載されていた一番お気に入りの家のページを、壁に貼っておくのもいいでしょう。

豪邸を買ったあかつきには、シャンデリアをつけたい！　というのなら、今現在の部屋にでも付けられそうな小さなシャンデリアを実際、付けてみるのもいいでしょう。

そうやって、**叶えたいこと、望むこと、引き寄せたいことと、同調するものを、いまの部屋にたくさん持ち込むことで、あなたの心と住居は、同じテーマを共有することになります！**

すると、そのときから、あなたと部屋は同じ夢に向かって、運命の流れをつくっていくことになり、やがて、その現実を出現させることになるのです！

いつでも、あなたのお部屋は、あなたの思い、考え、感情、価値観、感性、夢、希望、迎えたい未来を知っていて、共に生きています！

それをなんとなく、そのようにさせておくのと、自発的に自分と部屋とで共有テーマを持つのとでは、叶える本気度や、叶う速さが、まったく違ってきます！

部屋の中にいるだけで、叶えたい未来がそこにあるというとき、それは、もう、そうなるしかなくなるのです。

あなたの世界観を決定するものとは⁉

〇〇があるかないかをチェック‼
それこそがあなたを幸運に導くもの

あなたの家、お部屋にある、インテリアや小物や調度品や人形やぬいぐるみや置物は、あなたの価値観や感性や心の真実を如実に示すものです。
また、あなたがこれからどこに向かい、なにをし、何者になろうとしているのか、そんなことまでも示しています。

そのことに、あなた本人が、気づいているかいないかだけなのですが。

それゆえ、**あなたは自分をどんなもので囲んでいるのに、もっと関心を示してほしいのです。**

というのも、あなたを取り囲むすべてが、あなたの心や感性や生き方や未来に、すべて影響しているものだからです。

たとえば、人は、家族の誰かの趣味でそろえた家具や、他人からもらったお古の家具や置物など、好きではない不本意なものにばかり囲まれていては、その部屋にいても、あまり、わくわくしないものです。

〝これは、わたしの世界観ではない〟ということであり、そこには、自分がめざす方向性やよろこびがないからです。

しかし、自分が気に入った家具や、自分の趣味や感性に合うもの、感動的なもの、美しいもの、可愛いもの、癒されるもの、ほっとするものに囲まれた暮らしだとしたら、どうでしょうか？

そこにいるだけで、心地よく、快適で、気分もよく、わくわくし、ハッピーでポジティブになるのではないでしょうか。

そのとき、より良い未来に向かうのもたやすくなるもの♪

ちなみに快適ではなく、気分の乗らない部屋が、良い気分や発想や暮らしをくれることは、まぁ、ありません。

それゆえ、できるだけ自分が快適なもの、心地よいもの、感動するもの、感性に合うもの、良いもの、美しいものに、囲まれる習慣を持つといいのです♪

〝金庫〟こそ、家にちゃんと置きなさい！

あなたの家には、お金がよろこび、安心してくつろげる場所はある？

あなたの家には、金庫はありますか？

こう聞くと、ほとんどの方が「ない！」と答えます。まあ、はっきりと。

しかし、あなたの家にクローゼットや洋服ダンスやチェストはありますか？　食器棚はありますか？　と聞くと、ほとんどの人は「もちろんです。ありますよ、そんなの」というわけです。

人は、洋服を入れるものや、食器を入れるものはちゃんと用意しているのに、なぜか、お金をしまう大切な場所を、はなから用意していないのです。しかも、それになんの疑問も感じていないものです。

これって、おかしいと思いませんか？

実は、昔、わたしは、あるお金持ちに招かれて、その方の家に遊びに行ったとき、家に大きな金庫があるのを見せてもらったことがあります。

しかし、そのときは、その人の家にだけ、そういうものがあるのだと思っていました。

ところがある日、また、別のお金持ちの家（取引先の社長）に招かれ、遊びに行った際、素敵な応接室に通してもらったのですが、その応接室の隣はなんと！100億円の財産がある金庫部屋だと言うのです。それを聞いて、わくわくし、「その部屋、見てみたい♪」と、興味と冗談で言ってみたら、「いいよ、こっちにおいで」と案内されて行ってみると……。壁面そのものがドアになった巨大金庫があり、「おーーっ!!」とびっくりし、その迫力に大感動したものです。

それから、いろんなお金持ちに出逢うたびに聞いてみたところ、お金持ちの家には、ふつうに大きな金庫（手提げ金庫のようなおもちゃみたいなものではなく、据え置きタイプの金庫）があるのを知ったのです！

このお金持ちの共通点には、わたしはたいそう感動してしまい、自分も上京した際には、まっ先に大きな金庫を買いに行ったものです。

そういえばと、思い出したことは、小さい頃、よく遊びに行った生き別れた父方のおじいちゃん（実業家）の家には、10畳ほどのスペースを持つ金庫部屋がありました。

壁に船の操縦席のハンドルのようなドアノブがついた、その大きな金庫部屋には、なぜか鍵がかかっておらず、小さい頃のわたしは、隙《すき》を見ては、そこに忍び込んで、遊んでいました。そこは、なぜかとても、とても心地よかったからです。

そうして、おじいちゃんに見つかっては、よく笑われたものです。

「おいおい、おまえさんは、また、この金庫部屋で遊んでいるのか（笑）。しょーがない子だね」と。

ちなみに、わたしは、元銀行員ですが、そういえば、銀行員時代も毎朝、そうじするのが一番好きだったのが、金庫部屋でした。

金庫のある場所には、なんともいえない独特の、大きな、ひろがるような、リッチな高揚するような、安堵するような、満たされた気が漂っているのを感じていたわけですが、それこそが「富気」（お金を呼ぶ気）だと、後々わかり、えらく感動したものです♪

さて、前置きが長くなってしまいましたが、あなたの家をリッチにし、家計を豊かにし、繁栄したいというのなら、ぜひ、金庫を置いてみてください♪

しかも、できるだけ大きな金庫を置いてみてください。

置いてみたらわかりますが、自分がこれから、世に出て、成功し、何か、とてつもなく大きなことをやり、とんでもなく大金持ちになるのではないかという気分になります！

この気分を味わうというのは、すごく大事なことなんです！

というのも、その時点では、何者でもなくても、やがて、その気分と金庫の波動が、あなたに大きなお金や仕事やチャンスを引き寄せさせ、本当にビッグにしてくれるからです！

さて、昔の人は（うちの親世代がそうでしたが）、たいがい、お財布やお金にまつわるものは、タンスの引き出しに入れていたものです。なかには、お菓子の缶や箱に入れて、タンスの上に置いている人もいますが、よく考えると物騒な話です。

これでは、お金さんも、落ち着きません。

しかも、キッチンの引き出しや、キッチンの食器棚の引き出しに、お財布やお金を置いている人は、金運を水に流しているようなもので、よくないのです。

そもそもお金は、暗い場所、家の中で、光が射し込まない場所、陰の場所、陰になるところに置くことで、落ち着きをみせます。

それゆえ、北の寝室の押し入れの中に、金庫を置くとか、家の中でも光が当たらない場所や、壁で囲まれた部屋の北側に金庫を置くといいのです♪

北、陰は、エネルギーがたまり込む場所であり、お金が貯まる場所だからこそ、そういうところに金庫を置き、お金を寝かしてあげると、効果的なのです！

金運財布で、お金持ちになる方法

マネー事情が劇的アップ!!
お金に恵まれる〝魔法のお財布〟は、これ♪

ここからの運気アップのためにも、豊かな家計のためにも、リッチライフを叶えるためにも、ここでは、金運女神の〝魔法のお財布〟の条件について、お伝えしましょう。

お財布を新調するのは、とても大切なことです。というのも、そのアクションひとつで、〝富気〟（お金を呼ぶ気）もまた、変わるからです！

どうせなら、札束をわんさか呼び込んでくれる、お金持ちになるような大いにリッチ感あふれる財布を持ってみましょう♪

☆お金に恵まれる♪〝魔法のお財布〟☆

その1☆「好きなお財布」を持つ

これは、意外な気がする方もおられるかもしれませんが、本当は、自分が気に入ったデザインや色や、好きなブランドのお財布を持つのが、最もテンションが上がり、金運が上がるのです！

その理由は、テンション＝パワーであり、パワーこそ、お金の象徴であり、お金を引き寄せるものだからです！

その2☆「富気を養うお財布」にこだわる

富気とは、お金を呼ぶ気、リッチな波動を持つもの。
その富気を持った財布とは、
・生地のいいお財布（皮製品など）
・ベージュやブラウンやキャメルやゴールドなどの

黄金色＝お金色であること。
その際、外側は、自分の好きな色でもいいけれど、お財布の中の生地が、ベージュやブラウンやキャメルやゴールド、であれば、お金を大きく養う気のある財布になる。
もちろん、内側も外側も、黄金色＝お金色であれば、なおいい♪

ちなみに、これまで、ベージュやブラウンやキャメルやゴールドのお財布を新調したものの、金運がなかなか上がらないということは、かなり金運が枯渇しているか、努力が身を結ばない方向性で仕事や生き方を進めているかもしれない証拠。

そういう人は、おもいきって、外側が濃いオレンジ色のお財布、かつ、内側が同じオレンジか、ゴールドかブラウンになっているお財布を持つと、金運好転の作用大！

その3☆慎重するなら、「いまのお財布より、高価なものを選ぶ」

お財布を新調する際は、できれば、いま持っているお財布より、
良いものを選ぶことです。
価格もみなおし、ちょっとお高いけれど、持ったらうれしいお財布や、
リッチ・ステイタスが叶うものが、GOOD♪
また、「お金持ちになったら、この財布を買おう♪」と決めている
憧れのブランドの素敵なお財布があるなら、
ちょっと奮発して、いま持つことを
許可してもいいでしょう。
きっと、それは、リッチな結果の先取りとなり、
素早く金運アップを叶えてくれます！
あなたが「大満足で、ご満悦♪」になるからです。
満足という〝満たされた気〟と、ご満悦という〝よろこびの波動〟こそ、
大きなお金を引き寄せるもの♪

さて、お財布を新調するときは、〝気分のいい日〟に、買いに行きましょう♪

決して、なにか腹の立つことがあって、むしゃくしゃする日に、

「だんなのお金で高いブランドの財布を買ってやった！」

というのは、よくありません。

怒りは、破壊のエネルギーであり、金運を蹴《け》散らすものであるがゆえに、決して、怒っている日には、財布を買わないように！

あなたがルンルン機嫌よく、明るい気分の日に、余裕のお金を持って、感じのいい店員さんから買った財布は、富気も満載♪

Chapter 3

自分の居場所が
ハッピープレイスになる☆
運気アップの方法

もはや、そこにいるだけでいい☆
家があなたをどんどん幸運にする♪

神棚・仏壇は、こうして置く

最も清浄で、最も気の高い場所にて、神様、仏様をお祀りする作法

ご家庭で、神棚や仏壇をお持ちの方は、多いものです。その際、どこに置けばいいのかとよく聞かれるので、ここにお伝えしておきましょう。

まず、〝神様〟をお祀《まつ》りする「神棚」と、亡くなった方という〝仏様〟をお祀りする「仏壇」は、できれば同じ部屋にせず、別の部屋に置かせていただくのがよろしいでしょう。

神様をお祀りする「神棚」は、家の中心からみて、最もエネルギーパワーや格の高い北西の部屋の、北西側に設置し、南を向くようにします。

または北に設置して、南に向けます。
あるいは西に設置して、東を向くようにします。

このような置き方にする理由は、「神様」が〝日の昇る方〟に顔を向けるためです。神様が、〝日の昇る方〟に向くことで、その家の家運も高まり、幸福繁栄となります！

ちなみに、〝目線より高い場所に置く！〟ということにも気を付けてほしいもの。それは、神様を見下ろしたりする位置や、神様に自分の息がかからないようにするためです。

壁に神棚を打ちつけて設置できない場合は、背の高い棚などの上に置いてお祀りするといいでしょう。

決して、やってはいけないのは、いうまでもなく神様にご無礼になるような、低い位置に設置したり、神様が西を向いてしまったりするような、つまり、〝日が沈む方〟を向く置き方です。また、日が完全に没する、〝最も暗くなる方位である北〟を向くような置き方です。

神様が、日が落ちていく方に向くということは、その家の家運も衰退気味となります。それは、神様が「その置き方ではないよ」と教えてくれている現象でもあります。

人は、運が落ち、人生が悪くなってはじめて、なにかしらの間違いに気づくことがあるわけですが、この神棚の置き方は、いいも悪いもてきめんに影響を現すものです。

ちなみに、「神棚はないけれど、神様のお札は置いてある」という場合も、ちゃんと前述のような場所でお祀りさせていただくことです。

たまに、神札を冷蔵庫の上に置いたり、本棚のところに立てかけたりして、神札が一日に何度も落ちるとか、汚れるというような状態にしている人がいますが、よくありません。

そういったことをお伝えすると、なかには、「だって、冷蔵庫の上しか、置くところがないんです!!」などと、怒って反論してくる人がいるものですが、本当にそうでしょうか？　それ、本気で言ってます？

考えてもみてください。とても大切なものを置く場所が（祀るべき尊いものを祀る場所が）、家の中には冷蔵庫の上にしかないということなど、あるでしょうか？

その、おかしな考え方のひずみが、生き方や家運にも出るものです。

神様の御霊が宿っているものは、ていねいに扱い、最も良い場所でお祀りさせていただきたいという敬う気持ちを持っていたいもの。

さて、次に、亡くなった方（仏さま）をお祀りする「仏壇」は、できれば「神棚」とは別の部屋に置かせていただきます。

その際も、「神棚」同様、最もエネルギーパワーや格の高い北西側に置き、南を向くようにします。または、北に置いて、南に向けます。あるいは、西に置いて、東を向くようにします。

仏様にも、〝日が昇る方〟を向いていただくわけです。

また、ワンルームなどで、部屋がひとつしかなく、どうしようもないという場合は、神棚と仏壇を少し、離した場所かつ、どちらもが〝日が昇る方〟に向くよう工夫しましょう。

なかには、何段かある棚を使って、「神棚」を上に、その下に「仏壇」を置いている人がいますが、「神棚」と「仏壇」を上下で設置してはいけません。

ちなみに、わたしは、引っ越しをするたびに、「神様や仏様を最もいい部屋でお祀りできるかどうか」という、そんな観点で、物件チェック（部屋のつくりや間取りのチェック）をしています。

神様、仏様には、自分の家の一番いい部屋で、快適にしていただきたいと思うからです！

それゆえ、神棚を最も気の高い北西に置けない物件には、絶対に住みません。

それは、言いかえると北西に部屋がないという物件であり、北西に部屋がない家は、地位と名誉と財産がない家、出世できない家ということになるからです。

（※家の、各部屋の方位と運勢的影響については、追って『部屋の方位別パワーバランスをみる♪』でお伝えします）。

トイレから宝を授ける☆うすさま明王の教え

不浄こそが天敵!! 人の幸せの基本を語る☆うすさま明王さまのご真言

あなたの家の中には、寝室やキッチンやトイレやと、さまざまな仏様が鎮座していらっしゃいます。

なかでも、注目したいのが、トイレです。ここには〝うすさま明王さま〟がいらっしゃいます!

実は、この地上に、人の住む家に、仏様が降りてくる際、仏様たちはそれぞれ「わたしは寝室を担当しよう」「ならばわたしはキッチンを!」というように、素早く自分の好きな場所に降りていきました。

しかし、その際、〝うすさま明王さま〟だけは、出遅れてしまい、その家に降りたときには、各部屋にはすでに先に降りた仏様たちがいて、もう空いている部屋がなかったのです。唯一、空いていたのはトイレだけでした。それで、「ならば、トイレでよかろう」ということになったのです。

なぜ、出遅れたのかというと、「どうせ人の家に行くならば、その家の人が、たっぷり潤い、幸せに豊かになるよう、めいっぱい宝物、財産となるものを持って行ってあげよう♪　きっと、よろこぶだろう」と、まるでサンタクロースのように、金銀財宝をたくさん袋に詰めていたから、地上に、家に、やってくるのが遅れたというわけです。

それゆえ、**トイレにいらっしゃる〝うすさま明王さま〟は、その家に、金銀財宝と幸福繁栄を与えてくださる豊かな仏様なのです！**

が、それは、「あなたがトイレをきれいにしておけばね」という話です。

そもそも、〝うすさま明王さま〟は、不動明王の化身であり、不浄を嫌う仏様です。

それゆえ、毎日、せっせと、トイレを掃除して、臭いもなく、美しく、清潔にすることで、よろこんでいただけ、そのよろこびのお礼にと、金銀財宝を与えてくださるわけですから、きれいにしておいて、なんぼなのです。

ちなみに、トイレを毎日、用をたすたびにブラシでちょこちょこ洗い清める習慣を持つと、人がうらやましいと思うほどの〝巨万の富〟に恵まれます。

さて、きれいになったトイレでは、〝うすさま明王さま〟に感謝をささげるべく、こんなご真言を唱えるといいのです。

「オン　クロダナウンジヤク」

おそうじをして、清浄にしたトイレでは、このご真言を7回、または21回、唱えるといいでしょう。

ちなみに、その際、このように心で観じ、祈ることも大切です。

「今日も、大小便をスムーズに行えますこと、ありがとうございます。
また、わたしの中から出る不浄のすべてを
トイレというこの場所で、流させていただきますこと、感謝いたします。
このように健康整いたる体を、今日も、ありがとうございます。

健康こそが人間にとって最もありがたいことであり、生きる基本です。
そのことの大切さを教えていただき、日々、ご加護いただけますこと、
心より感謝いたします。本当に、ありがとうございます」と。

実際、人間は、便通がスムーズであることで、今日という一日を、健康に、快適に、過ごしていけるものです。用をスムーズにたせることのありがたみを観じ、感謝する気持ちを持つことは、とても大事なことだったのです！

部屋の方位別パワーバランスをみる♪

各部屋の方位には意味がある！
八方位の特長と現象と運の関係をみる

さて、あなたの家には、家の中心から放射状に「八方位」に、ある性質（特徴や作用）を持ったエネルギーがうずまいて流れています。

そのエネルギーは、太極（宇宙）から生じたものであり、北極星を真北《しんぼく》として、八方位にひろがるものです。

このエネルギーは、地上全体にひろがっていますが、家の中にも働いているものです。

それゆえ、各方位のエネルギーの性質にみあった部屋づくりをすることで、部屋の気がよろこび、高まり、いくらでも家にパワーを与えてくれ、幸運にしてくれます♪

というわけで、ここでは、各方位のエネルギーの性質を見ていきましょう。

ちなみに、あなたの家の中心から、放射状にひろがる〝家の中〟の「八方位」をみる際には、磁石を持って北をみつけることになります。

（※引っ越し等、外の動きでは、真北からみる。ここでは、その説明は省かせていただきますが）

まず、自分が家の中心に立ちます（家全体の四隅から対角線をひいた際、その中心の点の位置）。

そして、その位置から、方位磁石で北をみます（安物のおもちゃのような磁石ではなく、オイルの入ったオイルコンパスなら、針の動きがより正確）。

そして、そこが中心でない場合は、針がぐるぐるまわりますので、その家の中心から少し前後左右に動いてみて、針がピタッと止まり、しっかり北を示したら、そこから北をみます。

そして、その北の中心から左右に22・5度にひろがった状態、つまり、北45度として、続く東北45度、東45度、東南45度、南45度、南西45度、西45度、北西45度をみていきます（ひとり暮らしで、1ルームに住んでいるという場合は、その一つの部屋の中心から、八方位をみます）。

（※ちなみに、引っ越しなどの方位をみる場合は、東・西・南・北は各30度で、東北・東南・南西・北西は、60度でみます。しかし、家の中は、各方位45度でみます。お間違えのないように）。

そして、中心からみてその方向に、何の部屋があるのかをチェックしつつ、次の「八方位」のエネルギーの性質（特徴や作用）や、パワーバランスをみていきましょう！

☆家の中心からみた各方位のエネルギー作用について☆

1☆家の中心からみて「北」側の部屋のエネルギー作用

「北」は、陰陽の〝交わり〟を示す方位であることから、夫婦が親密な関係になる、子宝に恵まれる、家族の絆ができる、という作用を持っています。

また、水を象徴する方位でもあり、温和で柔軟な性格をつくる、小さく始めたことが大きくなる、水面下で進めたことが成功する、という作用があります。また、〝夜〟という陰、ため込むという作用により、お金が貯まる（貯金）の意味もあります。

この方位があなたにくれる運気は、「夫婦和合運」「子宝運」「家族の絆運」「貯蓄運」「新しい人達とのつながり運」です。

この「北」の部屋のパワーを高めるには、水色のもの、水玉模様のグッズ、川、湖、海などの風景写真を飾るといい！

また、赤く熟した実の絵や写真も、この方位の運気を高めるものとなります。

2☆家の中心からみて「東北」の部屋のエネルギー作用

「東北」は、陰陽の〝切り替え〟を示す方位であることから、変化、つながる、節目で成長する、起死回生という作用を持っています。

また、山を象徴する方位でもあり、強い精神力、不動の存在感という作用を持っています。また、山という積み上げたものから、有形無形の財産を築く作用があります。また、土地、不動産に関する作用も。

この方位があなたにくれる運気は、「精神力アップ運」「財運」「恵まれ運」「復活運」です。


この「東北」の部屋のパワーを高めるには、白、黄色、シルバーのグッズ、高くそびえる山、富士山、雪景色などの写真や、山に関するものを飾るといい！

3☆家の中心からみて「東」の部屋のエネルギー作用

「東」は、太陽が昇るということを示す方位であることから、これまで自分がやってきたことが〝日の目をみる〟、〝早い段階で成功する〟、〝強運〟という作用を持っています。

この方位があなたにくれる運気は、「若いうちからの成功」「スピード出世」「強運」です。

この「東」の部屋のパワーを高めるには、赤い色のグッズ、太陽を象徴するもの、朝日、若い男の子（子ども）などの写真や絵を飾ったり、音の出るもの（電話、ラジオ、ステレオ、ステレオのスピーカー）を置くといい！

4☆家の中心からみて「東南」の部屋のエネルギー作用

「東南」は、家族以外の外の人たちとのつながりを示す方位であることから、紹介、縁談話、お見合いからの恋愛、結婚、信用、信頼、価値、人脈、取引先に関係する作用を持っています。

また、遠くまでひろがるということを象徴する方位でもあり、海外とのつながり、海外のビジネスがうまくいくという作用があります。そして、人生のあらゆることが「整う」という作用を持っています。

この方位があなたにくれる運気は、「良縁運」「結婚運」「信用運」「人脈運」「すべてがそろって、幸せに整った人生運」です。

この「東南」の部屋のパワーを高めるには、ピンク色のもの、花柄模様のグッズ、四角いもの、色もデザインも形も価格もすべてバランスよく整っていて、いっぺんに気に入った！　ということで買った大好きな品物を置くといい！

また、アロマや、香水など、いい香りがするものを置くのも、この方位の運気を高めることになります。

5☆家の中心からみて「南」の部屋のエネルギー作用

「南」は、太陽の南中を示す方位であることから、キラキラ輝くまぶしい人生、誉れなこと・注目されることがある、表彰、資格取得、才能開花、願望実現、芸能界という作用を持っています。また、健康と美容（美貌）、美しいもの、ダイエットという作用があります。

この方位があなたにくれる運気は、「才能開花運」「願望実現運」「賞獲得運」「美容・健康運」です。

この「南」の部屋のパワーを高めるには、キラキラしたもの、ラメやスパンコールの入ったもの、光るもの、丸いものを飾るといい。また、木々、森の写真や絵を飾るのもいいでしょう。丸みのある葉の一対の観葉植物などを飾るのもいい！

また、燦然《さんぜん》と輝く太陽を象徴するオブジェを置くのも、この方位の運気を高めてくれます。

6☆家の中心からみて「南西」の部屋のエネルギー作用

「南西」は、土、養土を示す方位であることから、自己を養う・他者を養う、自己成長、良妻賢母、子育て、という作用を持っています。

また、家、土地（安くてひろい土地、土壌がしっかりしている土地）、不動産（一戸建て、マイホーム）という作用があります。

この方位があなたにくれる運気はというと、「養育運」「自己成長運」「家庭運」「子育て運」「不動産運」です。

この「南西」の部屋のパワーを高めるには、ベージュやブラウンのグッズ、野原、高原、公園、お花畑、お庭が美しい邸宅の写真や絵を飾るといいでしょう。

自分が住宅展示場でもらったパンフレットや、住宅雑誌に掲載されている憧れのマイホームの写真を飾るのは、この方位の運気を大きく高めることになります。

7☆家の中心からみて「西」の部屋のエネルギー作用

「西」は、日が沈む〝夕陽〟を示す方位であることから、仕事を終えて、家庭でくつろぐ、ほっと安堵する時間や宴や余裕やごほうびを示す作用を持っています。

また、金を象徴する方位でもあり、お金、現金、商売繁盛、幸せで豊かな人生♪を叶える作用を持っています。

この方位があなたにくれる運気はというと、「交際運」「金運」「商売繁盛運」「幸福運」です。

この「西」の部屋のパワーを高めるには、夕陽や夕方の空の色を示すピンク色、オレンジ色、あかね色、華やかな色のグッズ、夕陽の写真、秋の落ち葉の写真や絵画を飾るといい！　また、マネー雑誌や、お金に関するもの（貯金箱）を置くのも、この方位の運気を高めてくれます。

8☆家の中心からみて「北西」の部屋のエネルギー作用

「北西」は、最も高い位と、〝天は動いてやまず〟を示す方位であることから、活躍、大抜擢、神仏のご加護、地位と名誉と財産、出世街道まっしぐら！　という作用を持っています。

この方位があなたにくれる運気は、「活躍運」「引き上げられ運」「成功運」「出世運」「神仏のご加護運」です。ひと言で言うと「地位と名誉と財産運」です。

この「北西」の部屋のパワーを高めるには、白、黄色、ゴールドカラーのグッズ、白くて丸いオブジェ、パワーストーンを置くといいでしょう。

また、神社仏閣や古城、高級ホテルなどの写真や絵を飾ったり、美しい高価なお帽子や、シャンデリア、大理石、高級インテリアを置くのも、この方位の運気を高めます。

ちなみに、この部屋が、あなたの家の何にあたるのか（自分の部屋なのか、夫の部屋なのか、キッチンか、トイレか、風呂場か）に関係なく、絶対に、安物で部屋を埋め尽くしてはいけない。できるだけ品質の良いものを置き、高級感を出すことで、さらに波動が上がり、運が上がります！

また、「北西」は、家の中で最も位の高い、パワーの強い部屋ですから、できればこの部屋をご主人の書斎にするといい！　出世、まちがいなし♪

たとえば、ひとり親で女性である自分が仕事をして、主として稼がなくてはならない！　という場合は、ぜひ、ご自身の部屋にどうぞ♪

しかし、夫婦そろっていて、「北西」に部屋があるなら、夫が書斎として使うのが望ましい場所。

もし、この部屋を専業主婦が陣取ることになると、ご主人より偉そうにものを言う主婦となり、ご主人を見下し、バカにする習慣が生まれ、そのせいで、ご主人が出世しません。

また、子どもが陣取る場合には、親より偉そうにものを言う子どもになり、夫婦が手におえなくなり、家庭が、親子逆転してしまい、親の威厳がなくなるので、よくありません。

さて、いかがでしょうか？

このように、部屋には、抱えているエネルギーの性質があったのです。

というわけで、そのエネルギーがうまく家の中で働き、良い運気を与えてくれるよう、いつも各部屋をきれいにしておきましょう♪

鏡の位置と、引き寄せの法則

顔はどちらを見ている？

それが、あなたの引き寄せたいものだった！


部屋の中で「ここでいいか」と、何気なく置いているドレッサーや、鏡。

しかし、その鏡をのぞくあなたの〝顔の向き〟によって、あなたがこの日常に引き寄せているものが決定されていたのだと、知っていましたか？

実は、**あなたの〝顔が向く方向〟に、引き寄せたいもの、望んでいるもの、叶えたいことがあり、人はごく自然にそれを獲得しようと、その向きで、ドレッサーや鏡をのぞいているのです！**

というわけで、ここでは、そのドレッサーや鏡の位置と、あなたの〝顔が向く方向〟によって、いったい、自分が何を無意識に求めていたのか、引き寄せようとしていたのか、そして、これから日常にどんなものがやってくることになるのかを、みていきましょう♪

☆あなたは、この向きで、これを無意識に引き寄せる！☆

A☆ドレッサーを「北」を背に置いている場合

この場合、鏡は南を向く形になりますが、あなたの顔は、そのまま「北」を向くことになります。

つまり、あなたは、北方位にあるものを無意識に求めている！　引き寄せたい！ということです。

すなわち、それは、家族との絆・良好な夫婦関係・子宝・子どもとの良い関係というものです。また、貯金・水面下でシークレットに進行させているものの成功・秘密を守ること・病気平癒などがあります。

B☆ドレッサーを「東北」を背に置いている場合

この場合、鏡の置き方によって、鏡は「南」もしくは、その対角線上の「南西」を向くことになりますが、あなたの顔は、そのまま「東北」を向くことになります。

つまり、あなたは、東北方位にあるものを無意識に求めている！　引き寄せたい！ということです。

すなわち、それは、現状からの良い変化・良い人脈・本物の成功者とのつながり・いい人の紹介です。また、土地・家屋・株などの有形無形の財産の獲得を求めているということです。

C☆ドレッサーを「東」を背に置いている場合

この場合、鏡は西を向くことになりますが、あなたの顔は、そのまま「東」を向くことになります。

つまり、あなたは、東方位にあるものを無意識に求めている！　引き寄せたい！ということです。

すなわち、それは、健康・成長・パワー・バイタリティー・最新情報・自分にとっての良い情報・スピード展開・仕事運・仕事力・ビジネスセンスです。

また、若いうちからの成功・起業・強運・日の目をみることです。

D☆ドレッサーを「東南」を背に置いている場合

この場合、ドレッサーの置き方によって、鏡は北か、北西を向く形になりますが、あなたの顔は、そのまま「東南」を向くことになります。

つまり、あなたは、東南方位にあるものを無意識に求めている！　引き寄せたい！ということです。

すなわち、それは、優しい人格・温和な性格になること・信頼・信用・自己価値です。また、人とのご縁・縁談・良縁・結婚・整った状態・何もかもそろった人生・良い取引先・ビジネスの拡大・海外に関すること・海外での仕事・外国人との交流です。

E☆ドレッサーを「南」を背に置いている場合

この場合、鏡は北に向く形になりますが、自分の顔はそのまま「南」に向くことになります。

すなわち、それは、美貌・健康・才能・直観力・心眼・本物の智慧・スピリチュアリティ・霊性・特技の上達・契約・願望実現です。

また、華やかな世界への転職・芸能活動・カタカナ職業（モデル・エンジニア・イラストレーターなど）への憧れです。


さて、ここでは一点、注意事項があります。それは、鏡は本来、北に向くのはあまりよくありません。それゆえ、もし、南方位にあるものを引き寄せたいというのなら、完全に鏡が北を向かない位置に、うまくドレッサーを置いてほしいということです。

F☆ドレッサーを「南西」を背に置いている場合

この場合、ドレッサーの置き方によって、その鏡は北か北西か東北を向く形になりますが、あなたの顔は、そのまま「南西」を向くことになります。

「南西」にあるものはというと、家庭的なもの・母の要素・子育て力・自分の基盤・自分の時代の到来・自己成長などです。また、土地家屋などの不動産や何かしらの収穫、努力していることが報われたい！　という思いがあるものです。

また、何かを学びたい、習いたい、あるいは教えたいという、そんなものを探している状態であり、自分のより良い「成長」を目指しているということです。

G☆ドレッサーを「西」を背に置いている場合

この場合、鏡は東を向く形になりますが、あなたの顔は、そのまま「西」を向くことになります。

つまり、あなたは、西方位にあるものを無意識に求めている！　引き寄せたい！ということです。

すなわち、それは、生きるよろこび・楽しい日常・人との楽しい会話や素敵なコミュニケーション・恋人のある暮らし・幸せな人生・余裕ある暮らし・お金・貯金・商売繁盛です。

H☆ドレッサーを「北西」を背に置いている場合

この場合、ドレッサーの置き方によって鏡は南を向くか、対角線上の東南を向く形になりますが、あなたの顔は、そのまま「北西」を向くことになります。

つまり、あなたは、北西方位にあるものを無意識に求めている！　引き寄せたい！ということです。

すなわち、それは、地位と名誉と財産・目上の人や力のある人から引き上げられたい・大抜擢を受けたい・めまぐるしい活躍です。また、神仏のご加護・本当に価値あるものの獲得です。


さて、いかがでしょうか？　あなたの部屋は、どこに、ドレッサーや鏡を置いていましたか？


ちなみに、このように、人は、自分が顔を向けている方向にあるものを、無意識に引き寄せたい！　獲得したい！　と、望んでいるわけです。

それゆえ、逆にいうと、ほしいものを先に自分がわかっておけば、それを引き寄せ、獲得するために、ドレッサーや鏡の位置を自発的に変えればいいだけだということです♪

そして、引き寄せたいもの、望むものに合わせて、顔を向けるとき、それを自分が迎えにいっていることになり、それはとてもわくわくすることなので、そのドレッサーの前に座るのが、楽しいし、しっくり落ち着くものです！

あなたは眠りながら、「運」をつくっている！

磁力に沿って、安眠する☆
すると、目覚めたときに奇跡が起こる!?

あなたはいつでも、眠りながら宇宙とつながり、明日の「運」をつくっています！

人は、「眠り」によって、一日のすべての肉体的な疲れや、精神的な疲労や、一日の出来事の波動を、毎夜、リセットしています。

そして、「眠り」に入る際に、あれこれうるさい意識の関与からのがれ、そのおかげで、すんなり〝無意識の領域〟という「潜在意識」に入ることができ、自分自身のすべてや運命を修復しているのです。

それゆえ、「眠り」はとても大切なもの！　で、あるからこそ、眠る際には、一日あったいやな出来事や負の感情は、ベッドの中に持ち込まないようにしたいもの。せめて、「眠る」ときくらいは、クリアに、平和になっておくことです。

いい眠りを通してこそ、あなたは、翌朝、スッキリ生まれ変わることができるのです！

さて、「眠る」際、枕の位置（頭を向ける方向）を、次の特徴にそわせるならば、より良い「眠り」を叶えられ、翌朝、元気に復活し、運よく活動できるもの♪

というわけで、ここでは、「眠る」枕の位置（頭を向ける方向）とその特徴についてお伝えしましょう。

☆磁力にそって安眠する♪「眠る」枕の位置と特徴について☆

★「眠る」枕の位置☆頭が向く方向が「北」の場合

頭を北に向けて眠ると、北のエネルギー作用を受け、リラックスし、安眠でき、心と体と魂が、深く癒され、ぐっすり眠れ、最適です!!

この世の中には、なんの根拠もないのに、「北枕は縁起が悪い」などと言いたがる人もいますが、それは、お釈迦様が亡くなられたときに、頭を北にしていたことから言われたとされています。が、そうではなく、お釈迦様は亡くなる際、帰ろうとしていた自分の故郷に頭を向けていただけなのです。

しかし、それにも、「北こそが、磁力発生の秘密がある大切な場所だから、あえて、お釈迦様はその方に頭を向けた」という説もあります。

ちなみに、北こそが最も安眠できる方位であるのは、北こそが、磁力発生の秘密がある大切な場所であり、また、北には北辰妙見《ほくしんみょうけん》=天之御中主大神《あめのみなかぬしのおおかみ》様がいらっしゃるから、大きな守護をいただけるということです。

この北辰妙見＝天之御中主大神様は、地球だけではなく、宇宙のすべての惑星や星々、人の運命までも司る宇宙の神様です。

★「眠る」枕の位置☆頭が向く方向が「東北」の場合

頭を東北に向けて眠ると、東北のエネルギー作用を受け、必要な睡眠の質を得られます。また、変化に柔軟に対応できる人になります。

東北に頭をむけて眠る場合、ベッドの頭の近くに物が散乱しないように、きれいにしておきます。東北の気の特徴として汚れや乱れを嫌うからです。

★「眠る」枕の位置☆頭が向く方向が「東」の場合

頭を東に向けて眠ると、東のエネルギー作用を受け、早寝早起きタイプの人になり、とても健康的な生活になります。床についてすぐにバタンキューと眠りに落ち、夢もみないほど、しっかり眠れます。

また、東に頭を向けて眠ると、東の「日が昇る」という作用を心身が取り込むため、とても健康で、元気で、疲れ知らずで、明るく活躍する人になります。

★「眠る」枕の位置☆頭が向く方向が「東南」の場合

頭を東南に向けて眠ると、東南のエネルギー作用を受け、おだやかで、優しくて、落ち着いた、快適な眠りを約束されます。

また、東南に頭を向けて眠ると、東南の温和さを心身が取り込むことになるので、おだやかで優しい人になります。

★「眠る」枕の位置☆頭が向く方向が「南」の場合

頭を南に向けて眠ると、南のエネルギー作用を受け、インスピレーションが高まり、直感に優れた人になります。

しかし、そもそも南は、太陽が最も高く昇った位置のため、気が高すぎて、眠りにくいものであり、安眠するというテーマにおいては、不向きです。

明日の企画会議で、どうしても閃《ひらめ》きたいというのであれば、眠れない中、なにかを閃くことになるかもしれませんが、毎日、この高まった気のほうに頭を向けるのは、疲れることになるかもしれません。

★「眠る」枕の位置☆頭が向く方向が「南西」の場合

頭を南西に向けて眠ると、南西のエネルギー作用を受けるので、家族のことや家庭の問題が気がかりで、おちおち眠れません。

しかし、それゆえ、家庭の問題を解決するために、なにか考え事をしたいというのであれば別ですが、眠るときくらいは、やっかいなことは忘れていたいもの。この方位も、安眠には、オススメできません。

★「眠る」枕の位置☆頭が向く方向が「西」の場合

頭を西に向けて眠ると、西のエネルギー作用を受けます。

しかし、そもそも「西」には、心のやすらぎを求める作用が強く出るので、「西」に頭を向けて眠ると、気持ちよすぎて眠りすぎてしまい、起きるのが嫌になる傾向があります。それが連日続くことで、学校に行きたくない、仕事に行きたくないという、なまけ心を発生させてしまうので、「西」に頭を向けて眠るのは、タブーとされています。

ちなみに、「西に頭を向けて寝る人に、出世した人はいない」と言われるのですが、何かと仕事をすぐにやめて、働かなくなる人に、この西に頭を向けて眠る人が多いのは、不思議です。

というわけで、こちらも、頭を向けて寝るのは、ＮＧ。

「眠る」枕の位置☆頭が向く方向が「北西」の場合

頭を北西に向けて眠ると、北西のエネルギー作用を受けます、その際、できるだけ北向きの北西なら、ＯＫ！　西向きに近い北西ならＮＧ！

北寄りの北西なら、磁力にそった良いエネルギー作用を受け、高い価値観や志で生き、出世成功して、活躍する人になります！

出世を望むというのなら、部屋の北西側にベッドを置き、北側に頭が向くようにして眠ると、運が高まります！

私自身は、女性ですが、一家の大黒柱であり、会社経営もしており、稼ぐ存在である必要があるため、家全体の中からみて、北西の部屋を陣取り、そこに神棚も設置しつつ、北西側にベッドを寄せ、北側に頭が向くようにして、寝ています。

もう何十年もそうしているわけですが、いつも元気に目覚められ、パワフルでいられます！

そして、おもしろいもので、自分の好きな枕の向きで眠ると、いつも安眠でき、枕の向き（頭の向き）の特徴効果もはっきり出て、望むが叶いやすい人生になっている気がします。

☆

さて、あなたも、さっそく、枕の向き（頭を向ける方向）をみなおしてみましょう。

安眠しながら、心身を癒し、修復し、復活し、新しい運気をめいっぱい受け取るために♪

うとうとしながら、すべてを叶える♪

このシンプルな秘密の習慣が、あなたの願いをハッピーな現実にする！

さて、眠る時間も大切ですが、眠る前の時間をどう過ごすのかも、とても大事です。たとえば、寝る前に、ベッドの中でしてはいけないことは、その日あったいやなことや辛いことや後悔を、いちいち思い起こして、リフレインさせることです。また、あれこれ雑念とつきあっているうちに気になる問題をひっぱりだしてくることです。ベッドの中に入ったら、いやなことは一切、持ち込まない！　そうすれば、快適に眠れ、快適に目覚められます。

最もオススメなのは、「ベッドの中には、いいことしか持ち込まない」と決め、眠る前の、うとうとしている時間に、「こうなったらいいなぁ♪」という夢や願いや憧

れやステキなビジョンとたわむれることです♪

そうするのが良い理由は、ベッドでうとうとしている〝まどろみタイム〟こそ、表面意識（顕在意識）の働きが弱まり、無意識（潜在意識）の働きが活発になるからです！

うとうとしているときに、叶えたいことや望むことを、ぼんやり思うことで、それはそのままド・ストレートに無意識（潜在意識）に引き渡され、こちらが何かを故意に、願う必要もありません。

願わずとも、うとうとしながら潜在意識に引き渡されたものは、強制的にそれを叶えるという魔法力を発揮し、やがて、それを叶えることになります！

たとえば、この習慣、いったい、何日やればいいのか？　と、難しく考える必要はありません。うとうとしながら、叶えたいことや、望むことを、ぼんやり思うことにあきたら、もう、やめてください。こんなことは、自分に対して「今日もそれをしなくちゃ！」と強いるものではありません。

自然に始めたけど、自然にあきて、しなくなったときが、〝やめどきのサイン〟だからです！

ちなみに、〝やめどき〟が来るということは、もう、あなたの叶えたいことや、望むことを、叶えるのに必要なエネルギーが、しっかり潜在意識に確保され、潜在意識がお腹いっぱいいっぱいになった証拠です！

無意識（潜在意識）が、「もう、いらない」と教えてくれるということです。

しかも、〝やめどき〟がきても、なお、それを続けることはできません。あなたも、まったく、そうしたくないからです。

そして、〝やめどき〟がきて、ほどなくして、それが叶うことになるのです！

寝る前のうとうとタイムに、叶えたいことや、望むことを、ぼんやり思うという、たった15分程度のこの習慣を持てる人は、いちいちなにかを懇願する必要もなく、楽に、すんなり、夢や願いを叶える達人になれるもの♪

Chapter 4

いつも絶好調な人でいる♪☆幸運に恵まれる生き方

快適さと心地よさを増やすだけで、
あなたに幸せな奇跡が起こる！

小さく、狭い家だからこそ、人は大きな夢を育める！

それがどんな家であれ、それはあなたのすべてを守り、導いている！

いま自分が住んでいる家が、ボロ家であれ、狭いものであれ、小さな家であれ、大きな家であれ、そんなことに関係なく、家は、あなたを育み、あなたとともに成長し、同じ夢に向かって生きているものです。

それをわたしが知ったのは、作家になって上京する寸前までいた家をふりかえったときです。

その家には、13年間住んでいました。当初、その家に引っ越してきたとき、狭いし、駅から遠いし、ということには不満があったものの、15分も歩けばスーパーが何軒かあり、子育てするにはいいのかもと思っていました。

そして、ひとつだけ、とても気に入っていたところがあります♪

それは、8階であったということから、ベランダから外の景色がバーンと見渡せる気持ち良さがあったということです。

たまたまマンションの南側のベランダ側には、一切、建物がなく、それゆえ、青空がきれいにひろがり、遠くまで見渡せ、遠くの遠くに神戸の海まで見えたのです。


実は、当時のわたしには、抱えている辛いことや悲しいことが、とんでもなく多かったのですが、耐え切れなくなるといつもそのベランダに出て、涙を流しながら、空を眺めていました。


当時、不本意、理不尽、生き辛い人生への不満から、早くそこから抜け出したい！という思いがいっぱいでした。

そして、「こんな人生、もういやだ！　早く抜け出したい‼」「いつか作家になって東京に住みたい♪」「夢を叶えて幸せなお金持ちになりたい♪」と、そんなことばかり思っていました。

そして、その後、実際、作家になり、理想的な家に住むことになったわけですが、そこで真っ先に思い出し、せつなく、愛しく感じたのは、あの辛かった人生を13年共にした、古い、狭い、家のことであり、辛いことの連続だった当時の人生でした。

思いもよらぬ胸の内から、昔をふりかえってみて、初めて、わたしはこう知ったのです！

「ああ……わたしは、あの狭い古い小さなマンションで、泣き明かしたベランダで、とんでもなく辛い思いをしたから、とんでもなく大きな夢を見ることができたんだ!!あの家、あの時代こそが、かけがえのない人生や、そこからの幸運や、壮大な人生を与えてくれる原型だったのだ！」と。

そして、わたしは、思い出したのです！

「ああ……あの家に住んでいた最後の頃、わたしが〝あること〟をするようになって

から、わたし自身や、わたしの運や人生が、良い方向へと変わるきっかけになったのに違いない！」と

その、わたしが、〝ふつうの主婦〟から、〝世に出る人〟となる、境目の人生で、家の中でしていた〝あること〟とは⁉

それについては、いま考えても、「それが奇跡を呼んだのだ！」としか思えないので、次の項で続けてお伝えしましょう！

あなたを成功者にする☆感謝の祈り

いま住んでいる家こそ、幸運のもと！
やがて、豪邸に住む人になる♪

さて、ここでは、前項からの続きをお伝えしましょう。

その、わたしの人生が「突然そこから良くなった」という、きっかけになった、〝あること〟とは、「いま住んでいる家に感謝する」ということでした！

当時、辛いことが多かった人生の中で、わたしは、あるとき、突然、自分が身を置いている場所を好きではないから、嫌っているから、なかなか人生が良くならないのではないかと思ったのです。

と、同時に「貧しいながらも、楽しいわが家でいいのではないか」と、そう謙虚に思ったとき、自然に、家に感謝したい気持ちが芽生えたのです。

そして、わたしは、本当に毎日、心の中で、「ありがとうございます……ありがとうございます……」と唱えていました。いま思うと、その家に感謝していたことから放たれた波動が、わたしをより大きな家に住める人にしてくれたのではないかということです。

☆成功者になり、豪邸にも住める♪感謝の祈り☆

◎「いまのわたしが身を置き、生活するために、働くために、また、ここにいる意味や価値を見出すために、この土地、この環境、この家に導いてくださり、毎日の生活をお守りくださる氏神さま、土地の神様、家の神様、ありがとうございます。

そして、わたしの家さん、いつも、ここで、雨風しのぎ、飲食でき、家族と一緒に過ごせ、あたたかく、安全に、快適に、住ませていただき、ありがとうございます。

この部屋がどんなに狭いものであろうが、古いものであろうが、小さなものであろうが、いまのこの家が、わたしにとってかけがえのない住処《すみか》です。そして、いまのわたしにとって、この家に住むことが、必然・最善のご縁だったのでしょう。

必然・最善によってここに導かれ、住むことになり、お世話になっておりますこと、本当にありがとうございます。

そして、この家に住んでいるからこそ芽生えた気持ちや、生活や、習慣や、夢や願いがあり、わたしはそれらにより良く育まれています。そして、この家が見せてくれた大きな夢に、心から感謝いたします。

もし、わたしが最初から大きな家に住み、何不自由ない生活をしていたら、それはそれでうれしくありがたいことであったでしょうが、いまのようなハングリー精神や、パイオニア精神や、不動心は、育まれなかったことでしょう。

また、大いなる野望や、素敵な夢や願いや、ミッションともなる志は生まれてこなかったことでしょう。

神様は、いまのなにもないわたしに必要なすべてを与えるために、この地に導き、この家に住まわせ、いろんな経験や思いをくださったのでしょう。その慈愛に満ちた導きに、心より感謝いたします。
そして、わたしは、いつか、何者かになり、夢を叶え、成功し、憧れの豪邸に住むことになったとしても、長く一緒にいたこの家を、この家での人生を、決して忘れません。
すべての必要物を、すべての持つべき精神を、夢を願いを志をくださった家さんに心より感謝いたします。本当に、ありがとうございます。ありがとうございます。ありがとうございます」

さて、あなたが、もし、思うようにいかない人生、辛いことが多い中にいるとしたら、いま住んでいる家に、その家での人生に、ちょっと感謝の気持ちを伝えてみるといいかもしれません。

きっと、そこから、感謝のエネルギーで、あなた自身の心の中や、空間の波動がうまく自然に浄化され、昇天し、運気好転するはずです！

ひとりごとには、ご用心♪

肝心なのは自分との対話☆
それは、心と運にとって、良いものですか？

ひとりで部屋にいるとき、人は、なにかとぶつぶつ〝ひとりごと〟をつぶやいていることがあります。

声に出す場合もあるし、心の中だけで言っている場合もあるでしょうが、とにかく、なんだか、ひとりでいるとき言葉が渦巻くことがあるものです。

そのとき、その〝ひとりごと〟で言っている内容に、用心してほしいのです。

というのも、**〝ひとりごと〟は、自分との対話であり、自分と何を話しているのかで、あなたの心がいかようにも変化するものだからです♪**

この自分との対話は、ある意味、他人との対話よりも気をつけたい、怖いものです。というのも、他人との対話なら、いやなことを言われても、その場を去れば、聞かずにすむからです。しかし、自分が、自分につぶやいている〝ひとりごと〟からは、人は逃れる術がないからです。

「ああ……どうせ、わたしなんて……」「わたしって、いつも損している」「なぜ、こんなに運が悪いのだろう」「このまま、誰にも愛されず、一人ぼっちに決まっているわ」「こんな年になると、もう仕事もない！」などというようなことを、無意識にも、四六時中つぶやいているとしたら、要注意です！

それは、そのままネガティブな思い込みとなり、自分をそのような人にしてしまうからです！

ひとりでいるときこそ、良い言葉をつぶやくようにしたいもの♪

たとえば、「わたしほど運のいい人はいない♪」「今日もツイてる！」「わたしは絶好調！」「わたしって、ホント、天才！　何でもやれるわ♪」というように。

すると、その〝ひとりごと〟は、良い思い込みになり、本当に言葉通りの素晴らしい現実をいくらでも差し出してくれます♪

食卓の質を、高めなさい！

家庭から運を落とさない☆
すべては、食卓の過ごし方にあった！

家の中で家族の質、空間の波動の質を最も決定するのは、「食卓での会話」です。食卓で食事をするたび、楽しい会話、ほめたたえ認め合う会話、よろこばしい会話、うれしい報告、癒し励まし合うもの、笑い合えるものがある家では、家族みんながおいしく食べることができ、心あたたまるものです。

これは、とても重要なことです！

というのもそのとき、食卓に出されたものをしっかり味わうことができ、うまく消化することができ、うまく自分の中からいいエネルギーを生み出すことができるからです！

そして、**胃や腸が元気であると、体は健康になり、脳も快活で、心も良質になり、ふつうに良い言動ができ、運を自然に引き上げることができます！**

また、食卓を囲み、誰もが笑顔でいられる家には、〝福の神〟が自然に集まってきて、幸福や金銀財宝をどっさり授けてくださり、自然に富貴繁栄する家になります！

さて、これとは逆の食卓であったなら、注意し、改善したいもの。

たとえば、食卓で家族がそろうたびに、「もう、ちょっと！　こぼさないでよ！」「ひじをつかない!!」「お箸、おかしい!!」「テストはどうだったの！」「ほんとに、あなたはのろまね！」「見ていて、イライラするわ!!」「ご飯が終わったら、2時間勉強するまで許さないからね!!」などと、その家のお母さんが、なにかにつけ、ちまちまいやみや小言ばかり言っていたら、食卓は不快なものでしかありません。

しかも、せっかく料理を味わおうと思っていても、いやなことばかり言われたら、味もわからず、砂を噛んでいるようなものとなり、いっぺんに食欲もなくなるものです。

もし、なにかを注意したい場合は、笑顔で、やんわり、伝えるだけでよく、感情的になり、キーキー言ったり、怒鳴ったりする必要もないのです。ふつうに言ってくれれば、ふつうに聞けるからです。

小言でなくても「隣のおじいさん、入院したのよ、命が危ないみたい」とか「あそこの商店街で泥棒が入ったのよ」とか、「隣のお子さん、離婚したみたいよ」と、他人の不幸をうれしそうに話している人は、食卓から、その不運を自分の大事な家族にまき散らしていることになり、家続みんなの波動を下げます。

また、自分のイライラや不機嫌さを、ぶちまけながら食卓を囲もうとするお母さんは、怒りという〝猛毒〟を家族に食べさせているも同然であり、家族から病人が出る原因を作ってしまうことにもなりかねません。

だいたい、感情的に未熟な親がいる家庭では、子どもはたいがい大迷惑と被害をこうむるものであり、それが子どもの心身の調子悪さに出たりもするわけです。また、子どもは、冷静に親の態度をみているものだからこそ、改めないと、やがて、離れていくことでしょう。

そうなると、家族の絆、家運がどうの……どころではありません。

また、食卓で、父親が家族に威厳を示そうと、偉そうなことを厳しくコンコンと言うことも、食卓ではタブーです。そんなことをしていること自体、尊敬されることはありません。

子どもに、なにか、大事な話をしたいなら、日頃から、充分に、その子と楽しいコミュニケーションをとって、〝優しい大好きなパパになってから〟でしょう。

子どもとのあたたかいふれあいや良いコミュニケーションもとっていないのに、ただ、厳しいことだけ偉そうに言うのでは、誰も心をひらきません。

父親が必死で威厳を見せたからといって、尊敬されるのでも、子どもが立派になるのでもありません。

子どもは、父親や母親から、いつもあたたかいまなざしで包まれ、優しく思いやられ、良い言葉をかけられ、いけないときにはいけないことだとちゃんと教えてもらえ、ときには何かをかばってもらえ、良い点は積極的に認めてもらえる、そんな正しい愛情を持ったコミュニケーションによって、良い成長をみせるのです。

ちなみに、**愛とは、無条件に与える、あたたかい思いやりと、相手への理解に、他なりません。**

それは、甘やかしでも、溺愛でもなく、前述のような正しい愛情であるということです。

さて、運命学では、「人が、良くなるのも・悪くなるのも、すべて耳に入る言葉からだ。それゆえ、悪い言葉や話やニュースを耳に入れてはいけない！」という天の摂理を語る話があります。「聞いたとしても、すぐに忘れなさい」と。

また、「人の目には、汚いもの、ひどいもの、怖いものを見せてはいけない」というのもあります。

言葉という口にするもの、聞くという耳にするもの、見るという目にするものの良し悪しは、特に、子どもには大きく影響するものだからこそ、親は自分がまず気をつけたいもの。

ちなみに、家庭内で、親から、おもしろくないイヤな話や、怖いこと、悪口や批判ばかり聞かされている子は、気分が落ち込みやすく、憂鬱になりやすく、元気がうせ、生きる希望を見出せなくなり、キラキラしていた目から光が消えます。

それゆえ、親は、家庭の中で、子どもに何を話し、何を聞かせ、何を見せているのかに、気をつける必要があるのです。

食卓からでも、それを、正すことが、家族の絆を、家庭の運気を、家の中の環境を正すことにもなるからです♪

押し入れ整理で、運命調整する方法

そこに押し込まれているものをみれば、その家の運気がわかる⁉

あなたの家の押し入れは、どのくらい頻度でそうじされていますか？　季節ごとの衣替えの際には、ついでに掃除していますか？　あるいは、年末の大掃除のときでしょうか？

押し入れこそ、いまこそ、思い切って、大掃除しておきたいもの！

というのも、押し入れは、どこの家でも、いろんな必要物や、そうでないものがぎっしり詰まっており、その空間は、たいがいきちきちになっていて、呼吸できない状態だからです。

しかも、そこには、あなたの過去の出来事に関連するものや、過去の感情の残骸などもあり、いろんなエネルギーが渦巻いており、まったくクリーンではありません。

押し入れの中から、おもいきって余計なものを捨て去り、上手に整理整頓し、空きスペースを作ってやると、その空きスペースが、あなたの家にあってしかるべき良いものを引き寄せはじめます！

また、空いたスペースのおかげで、押し入れという空間が、うまく呼吸できるようになるとき、なぜか、抱えていた問題が解決しはじめるから不思議です。

というわけで、ここでは、押し入れから、いっそ、いまこそ、捨て去りたいものについて、お伝えしましょう。

☆押し入れそうじで、運気好転♪いさぎよく捨てたいものは、これ！☆

◇ずいぶん前からたまり込んでいる結婚式の引き出物や葬式の香典返しやバーゲン

セールで買ったものの、まったく何年も使っていない食器類や何かしらの品物。しかも、たぶん、これからも使わないであろうもの。

◇新しいものを買ったのでもう使うことはないけど、もったいないかなぁと思って押し入れの奥にしまったままの古い時代の電化製品

◇古い布団・毛布・マットや、きっと絶対使わない、よれよれの寝具たち

◇もらいものの鍋類や、粗大ごみの日に捨てようと思って捨てられずにいる壊れた鍋類やホットプレートなど

◇おじいちゃんやおばあちゃん、または亡くなった親の洋服や着物。だけれど、自分の趣味ではなく、絶対に着ることもなく、それでも捨てたら罰が当たるのかもしれないという恐怖で、もう何年も押し入れに段ボール何箱も抱えているもの。ちなみに捨てるときには、仏壇に手をあわせ「これを、もう、処分させてもらいますね」と報告し、粗塩をかけて、衣類を捨てられるゴミの日に捨てる。

◇コレクションしすぎた人形やなにかしらの品物たち。しかし、そのコレクションも、いまとなっては邪魔になるだけというしろもの。

◇いつか使うだろうと取っておいた、大型のかんかんや、可愛い箱など、しかし、

使ったことはなく、スペースをとるだけのもの。

◇もう読み終わった本で、たぶん、もう読むことはない、溜まり続ける古い本たち。

さて、こういったものをいさぎよく捨て去るだけで、あなたの家の仕入れのエネルギーは浄化され、あなたの過去の出来事や感情までもが浄化され、癒され、改善します！

そして、きれいな空きスペースには、良いものが引き寄せられます♪

〝気〟を一新!! 不思議な焼き塩ワーク

部屋ごと、家族ごと、運気好転☆
たちまち、幸運招来&富貴繁栄!!

もし、あなたの家で、最近、家族がよくケガをしたり、病気をしたり、不調を経験していて、どうもおかしい、いつもの幸運が失われていると感じるときには、ここでお伝えする「不思議な焼き塩」のワークを行うことをオススメします。

このワークは、あなたの家が、長年住んでいる家だろうが、引っ越してきて間もない家だろうが、賃貸だろうが、購入したものであろうが、そんなことに関係なく、とても効き目を発揮するものです。

このワークによって、家にたまった瘴気（病気や不調の原因となる停滞した汚れた気）はもちろんのこと、家族の悩みや問題から発生したマイナスの想念や低い重たいエネルギーや、不調を引き寄せていたもとになるマイナス波動、なにか憑いていたいやなものまでも、一掃でき、きれいさっぱり家中の浄化を行えます！

このワークでの焼き塩は、最後、部屋にまき、そのまいた焼き塩に前述のようなよろしくないエネルギー＝淀んだ気を吸い取らせて、掃除機で吸い、それを捨てることで完了しますので、このワークをする前は、必ず、部屋を掃除してから、やります。

☆〝気〟を一新!!　不思議な焼き塩ワーク☆

①新しい粗塩を買って、用意します。家にある、すでに封の開いた〝使っているもの〟ではなく、〝新しい粗塩〟が必要。

②さて、①の新しい粗塩を、フライパンに入れます。
その際のフライパンは、きれいに洗ったものを使います。キッチンペーパーなどで、しっかり水気を取っておきます。

決して、水滴のある、ぬれたフライパンは使用しないこと。

そのフライパンに1袋全部、新しい粗塩を入れます。

③そして、②を弱火で、炒《い》っていきます。
粗塩の水分が完全に飛んで、サラサラになるまで、時間をかけて、ゆっくり、弱火で炒るのです。その際、粗塩が焦げてしまわないように、軽くフライパンを揺らしながら、炒ります。

決して、「早くしたい!!」と、強火で早く炒ろうとしないでください。

充分、ゆっくり、〝火〟という燃えつくすためのエネルギーを粗塩にまとわせることが重要!!
※ちなみに、粗塩を弱火でゆっくり炒っていき、
水分が完全になくなるまで炒ると、
ほんのりベージュっぽくなる部分がありますが、それでいいです。
逆に、粗塩が真っ白になるというとき、そのときこそ、
家の浄化をしっかりしないといけないサイン！

④そして、③の炒った粗塩を、乾いたお皿に入れます。

⑤そうじした部屋に④を、サッと軽く、全体的にふりまきます。
ふりまいたら、1分ほどそのままにして、そのあと、掃除機で吸い取ります。
ワンルームに住んでいる方は、ひと部屋で済みますが、
何部屋もあるという方は、最も気になる部屋でやるか、
いっそ、すべての部屋にこのワークをするといいでしょう。
※たくさん部屋があるおうちの方は、粗塩を最初から多めに用意しておきましょう。

⑥もし、炒った粗塩が残ったら、それはもう使わず、捨てます。

さて、この、〝気〟を一新する！　不思議な焼き塩ワークは、効果てきめんです！

たいがい、部屋中やると、家の中の気が、パキッとスッキリするのがはっきりわかり、気分がよくなり、不安が消え、安堵が訪れます。

そして、その効力のおかげで、ちゃんと運気好転したかのように、なぜか、よくないことがピタッと止まり、物事の流れがより良く変わり、〝いいこと〟が起こるようになります！

このワーク、邪魔くさいといえば、邪魔くさいものですが、とにかく、効果てきめんです！

問題を抱えたり、家族が病気や不調の人にお伝えして、やっていただくと、たいがいすごいご報告をいただくもので、びっくりしています。

もちろん、私自身やったわけですが、素晴らしい変化を実感しています♪

運をひらく☆携帯の電話帳整理♪

ここからどこへ向かい、誰と、何をする!?☆理想に照準を合わせる

さて、不思議なもので、前項のような「焼き塩ワーク」をすると、家の中も、自分の心身も、突如、シャキッと洗い清められ、なんともいえない清々しさを感じるものです。

その清々しさは、ここからの新しい運気と出逢いを、新鮮に迎えようとしているように感じるものです。

そんな、新鮮なエネルギーの中、新しい運気に向かうために、いまこそ、やっておきたいことがあります。

ズバリ、それは、携帯の電話帳登録のデータ整理です！

こういうことこそ、家の中で、ひとりの時間に、ゆったり余裕を持って、未来を見据えているときにしか、できないものです。

では、さっそく、携帯電話の電話帳を見てみましょう。

きっと、そこには、多くの人たちが名前と番号を連ねていることでしょう。

頻繁に連絡する大切な人もいれば、用があるときにしか連絡しない人、ふだんはなかなか会えないけれど、一年に一度くらいはちゃんと連絡しておきたい人など。また、心から友だちと言える人もいれば、知り合い程度のつながりの人たちも。

なにかと力を持っている頼りになるキーマン、仕事つながりの大切な人もいれば、どこかの取引先の担当者や業者やそこのスタッフが、ちょこちょこ入っているかもしれませんね。

ときには、未練たらしく消さずに何年も置いている元彼たちの番号がうじゃうじゃあるかもしれませんね。こちらからまったく連絡することもなくなった人で、あちらからもまったく連絡などこないという状態の人も。

あるいは、登録しているにもかかわらず、「えっ？　これ、誰だったっけ？」と、考えても、どこの誰だかわからない人の名前があったりすることも！

そうそうと、思い出したのは、何かしらのセミナーに参加したときに、隣の席にいた人に、「電話番号、教えっこしませんか？」と強引に詰め寄られ、いやいや教えて、渋々こちらも登録したものの、「まったく用ないよねぇ～」という感じになっている人の名前があったりして。

ひとり静かに、部屋の中で、リラックスした時間の中、一人ひとりの名前をじっくり見ていくとき、「ずっとつながっていたい人♪」や「もう、手放してもいい人」むしろ、「もう、とっくに縁が切れていて、過去になってしまった人」がいるのが、はっきりわかることでしょう。

そうして、**心の整理ができたなら、不要な、不本意な、データは、いっそ削除してしまいましょう！**

こうお伝えすると、人脈は財産だと思って（まぁ、もちろんそうですが）、削除するのがもったいない気にかられる人もいるものです。

「せっかく電話番号を知ったのだから」「人脈が減るのはもったいないから、いやだわ」「できるだけたくさんの人とつながっておきたいし」とね。

しかし、人脈は、多ければ多いほどいいというものではありません。

やたらと多くの人の番号を電話帳に登録している人がいるものですが、登録していても、つながることがないのなら、何の意味もないでしょう。

人脈はたくさんあるのがいいのではなく、本当は、自分の人生に、「キーマン」が一人か、二人、多くてもせいぜい数名いれば、いいだけです。

というのも、自分の力になってくれ、引き上げてくれ、価値あることを一緒にできる人が、ほんの何人かいるだけで、人生は、いともかんたんに動きだし、自然に、運をひらくものだからです！

覚えておきたいことは、人脈は、せばめて、せばめて、厳選してこそ、良質になる！　ということです。

いつでも、自分が何かあったとき、助けてくれ、引き上げてくれ、力になってくれ、運を大きくひらいてくれるきっかけは、たった一人のキーマンであり、日頃から、駆け引きや損得抜きでつきあっている人、信頼できる人、尊敬できる人です！

さて、**削除して、空いたスペースには、夢や願いを叶えるための関係者や会社やなんらかの場所の番号を登録しておきましょう。すると、そのアクションが、そこどのご縁を、引き寄せるからです♪**

ちなみに、わたしは、まだ作家になる前（上京することになる約1年前）、なんのへんてつもない代わり映えしない生活に嫌気がさし、「これは、人間関係を見直すといいのかも」と、ふと思い、携帯の電話帳整理をしてみたのです。

人生が新しい運命を連れてくるためには、すでに役目の終わった人たちが去り、新しい人が自分の人生に入ってこなくてはならないからです。

そして、自分の携帯の中にいる人たちを見ていてわかったのは、不本意な人間関係だらけだった！　ということです。

自分が連絡したくもないママ友や、子どもの習い事で知り合った人たち……また、学校の先生や、耳鼻科や内科だのとあれこれあるクリニック……

そこには、わたしを鼓舞させるものなど、何ひとつありませんでした。

そこでわたしは、必要な何件かのみ番号を残して、思い切って、すべてのママ友の電話番号を削除したのです！

ああ……スッキリ！　なんなの、この開放感は！

そして、**かわりに、憧れの出版社の電話番号を、どんどん登録していったのです。**
それは、自分の携帯電話に「未来」を登録したことになったのでしょう！

その後、作家デビューしたとき、そのすべての出版社とご縁ができ、つながれたのですから♪

あなたも、不本意なものを整理し、削除し、自分のハッピーライフや、願いや夢が叶うことに関するものを、登録してみて！

きっと、そこから、引き寄せのエネルギーが発生し、思いもよらぬ幸運が、びっくりするくらい〝いいこと〟が、起こることでしょう！

思い通りの人生を叶える☆新居選びのハッピーポイント

内覧のときから、部屋はあなたに「よし・悪し」を語っているもの！

さて、あなたの家は、あなたを育み、守り、導き、同じ夢や願いに向かうことのできる素敵なエネルギー空間です。

ひと言でいうと、あなたの家は、あなたにとっての「小宇宙」です♪

その「小宇宙」を、いかに、良いエネルギーで満たし、ハッピーなものにしていくのかが、住む人にとっては、大切なテーマとなるのです。

もし、いま、その自分の小宇宙空間に満足しておらず、できれば、新しい家に引っ越したいということで、家を探しているのなら、次のようなことをポイントにして、みつけるといいでしょう。

みつけたそのあなたにとっての新しい「小宇宙」は、きっと、何も考えずに家選びをしていたこれまでよりも、もっと素敵なハッピーを与えてくれることになります！

素敵な小宇宙に出逢う☆新居選びのハッピーポイント☆

☆賃貸・購入関係なく、その物件を見た瞬間、「わぁ～♪」と、なにかしら感動したり、「ここがいい♪」と、一瞬で高揚を感じたり、わくわくする要素のある家！
そういう家は、住むことで幸運になれることを予感させている家です！

☆気の通り、風の通りがよく、空気が軽やかに澄んでいる家は、息がしやすく、生きやすく、スムーズに前に進めるエネルギーを持っている！

ちなみに、内覧したときに、その物件のベランダや窓は、必ず開けて、空気の流れをチェックします。なにをチェックするのかというと、外の空気と家の中の空気の重さに、大きなギャップがないかどうかをみるのです。

「窓やバルコニーを開けるまで、外の空気がこんなに軽く、家の中がこんなに重くムッとしたものだと、わからなかった!!」

という場合、オススメできません。

窓やバルコニーを開けても閉めても、外と内で、あまり空気の重さに差を感じないというとき、気の通りも、風の通りも良い家なので、OK!

☆南側に太陽の光がよく入る家! 最も高いパワーを思い切り部屋に招き入れることができる家は、明るい見通しのある家。

ちなみに、西日が入る家はNG。

住む人の心や、家の中にある大切なものを腐敗させる働きがあるため。

特に、金運にとっては最悪！

☆内覧の際、一瞬、見ただけで、家具のレイアウトや、どこに何を置いて、どう生活しているのか、その落ち着いた生活や、幸せな家の中の様子が、心の中で、ひとめ、よろこばしく視えた家

☆内覧で見た瞬間、「あっ、わたし、ここに住むことになるんだわ♪」とわくわく感じ、秒で、「ここにしよう！」と、心が決めた家

☆家の大きさの規模に関係なく、心身が癒されるのを感じる家、体が楽になり、ほっとする家、そこにいるのが落ち着く家、うれしい家はあなたに心地よい、穏やかな幸せをくれる家です

☆大家さんや、不動産屋さんから聞くところによると、

前に住んでいた人が、すごく成功して、お金持ちになり、別の場所に大きな豪邸を建てて引っ越したために空いた家だという縁起の良い家は、波動がいい！

☆「この家はとても素敵♪」と感動し、「ここに住めたら、何でもがんばれそう！」と、なんだかやる気をくれるような、良いパワーを感じる家

このようなポイントは、不動産屋さんには、わかりません。自分の内なる感覚だけでわかることだからです。

しかし、そういうものこそが、本当は、最も大きな決め手になったりするわけです。

覚えておきたいことは、本当に大切なことは、いつも、目には見えないものだということです。それは、いつも、心の中で、自分が感じとることでしか、わからないものです。

さて、以上のようなポイントや感覚があって、その家に住むと決め、引っ越ししてきて、住んだときに、

「ここに住んでから、心が軽く、気分もいいし、体の調子がすこぶるいい♪」

「ここにきてから、やたらと、いいことが起こる♪」

「住めば住むほど、いいことが起こり、どんどん引き上げられている気がする！」

「いい仕事・大きなお金が入ってきやすくなった！」

「素晴らしい人たちと出逢うようになった！」

というものを感じ、いい経験をしているというのなら、その家はまちがいなくあなたを導く素敵な「小宇宙」であり、〝幸運を呼び込む〟ハッピーハウスといえるでしょう！

しておきたい☆
引っ越し入居時&退去時の儀式

家の神様に対して行うことだからこそ、
「恩恵」は後々まで降り注ぐ♪

あなたの願いは、あなたのお部屋が叶えてくれる！　そんな魔法の働きを持っている家は、いったい、いつから、大事にすればよかったのか!?

その答えは、〝その家に、引っ越ししてきた初日から〟です！

これから新しい家にまた引っ越しをする人もいるでしょうから、まずは、引っ越し時にしておきたい秘密の儀式について、お伝えしましょう。

これをやるのは、その家の神様に対してであり、また、その家での家内安全・富貴繁栄のためでもあります。

☆引っ越し入居日にしておきたいこと☆

1☆引っ越し日には、引っ越しのトラックが新居に家具を入れる前に、まず、自分が先に部屋に入り、次のものをキッチンに置きます。

それは、「味噌」「しょうゆ」「粗塩」「お米」「お酒」「水」です！

そして、家族みんなの新しいお茶碗と、お箸。


そのとき、「味噌」「粗塩」「お米」は、袋に入ったままの買ったばかりの新しいものを、で～んとキッチンの台のところに置きます。

（※足元には置かない！）

「しょうゆ」もボトルのまま、水もペットボトルに入ったままでＯＫ！

お酒はワンカップタイプのものでＯＫ！


あと、新しいお茶碗とお箸も、同じ場所に置いておきます。

そして、ひと言、小さな声で、こうつぶやきます。
「おうちさん、このおうちの神様、本日、いまから、この家に入居し、住まわせていただくことになる○○です（自分の名前をいう）。この家を大切にし、生活させていただきます。ここでの新生活を、どうぞよろしくお願いいたします」と。

この儀式をすることで、家族仲良くでき、食べることに困らない、お金に困らない、幸せで豊かな人生が叶います！

ちなみに、儀式で使ったものは、そのあと、料理などに使ってOK！

2☆1の儀式がすんだら、引っ越し屋さんのスタッフに、もう荷物を部屋の中に入れていってもらって大丈夫ですと、伝えます。
その際、仏壇や神棚がある人は、他の家具より、先に入れます。
ということは、荷物を引っ越しのトラックに積む前から、先に、そのことをスタッフに言っておかなくてはなりません。

「引っ越し先では、まず、最初に、神棚と、仏壇を、部屋に入れたいので、そうできるよう、仏壇と、神棚は、最後にトラックに載せてください」と。


以上、2点をしておくだけで、本当に、引っ越し先での人生がなにかとハッピー&ラッキーに守られるから、ありがたいもの♪


さて、次にお伝えしたいのは、住んでいる家を退去する際のことです。

新しい家に入るときだけでなく、退去するときも、それまで住まわせてもらい、守ってくれていた家にも、しておきたい儀式があります。

次の通りです。

☆去る家に対して、退去時にしておきたいこと☆

1☆退去時には、家中、ていねいに、履き掃除も、拭き掃除も行い、ぴかぴかにして、出よう！　と、心がけましょう。

それが、その家に、何年も住ませていただいた感謝の気持ちであり、その家や、その家の神様に対する、〝最後の仕事〟だからです！

しかも、入居時には、前述のような儀式をし、神様に「よろしくお願いします」と、ご挨拶したのに、退去するときには、汚し放題で、ろくにそうじもせず、「あばよ！」というのでは、申し訳ないというものです。

最近では、「退去後、掃除業者が入りますので、掃除は適当でいいですよ」などと、不動産屋さんや掃除の業者さんが言ってくれることもありますが、できるだけ自分がきれいに掃除しておきたいという気持ちを持つことは、大切なことです。

そして、本当に、不思議ですが、自分が去る家をあとにするとき、
その家や、その家の神様を、敬う気持ちを持って、
部屋をきれいにして出て行くほど、
そのあとの、新しい人生が、より良いものとなるから、感動的です！

2☆退去する家をあとにするとき、

からっぽになった部屋に「ありがとうございました！」と声に出して言うとき、
その感謝の波動が響き、
大きな反響となって、自分に返ってくるのを体感するもので、
そのとき、一瞬、ゾクッと感じ、高揚するものですが、
それこそが、感謝が、この家と、この家の神様に届いたサイン！

ちなみに、私自身、この人生の中で、引っ越し経験は、もう20回以上ありますが、この入居時と退去時の儀式をきっちり行うたび、より素晴らしい物件に導かれ、人生が望むものへと高いレベルでシフトしていくのを実感しています。

さて、この儀式と、敬う気持ちと感謝で、次の家、次のステージに向かうとき、あなたの新しい人生は、きっと、もっと素晴らしい飛躍と幸福と富貴繁栄と、大きな恩恵を受け取ることになるでしょう！

そして、あなたが部屋の中でひっそりあたためる素敵な願いや夢は、そのまま部屋にも自然充満し、成就のための必須エネルギーを生み出し、あなたのみかたとなる環境となり、大いにハッピーに、叶っていくことになるでしょう♪

感謝をこめた「あとがき」

この大切な習慣が、あなたと家族みんなを守る♪

～良いエネルギー場は、当然のごとく、あなた自身と人生を良質にする

その家で、家族みんなが健康で元気に、安全に、安堵し、気持ちよく毎日を送るために、また、幸せに豊かになるために、守りたい大切な習慣があります。

ズバリ、**それは、家族の間で、「いい言葉」を使って会話する！　ことです。**

もちろん、他人と会話するときも、「いい言葉」を使いたいわけですが、家族とこそ、「いい言葉」で会話したいものです。

たとえば、日頃から、家の中で、よくない言葉で話していると、他人にだけ、外にいるときだけ、「いい言葉」で話すことはできないものです。日頃の習慣が、外でも出るからです。

何かと、人のことを、悪く言ったり、批判したり、ののしるような言葉を言う癖のある家庭では、それを毎日言っている自分も、聞いている子どもも、家族誰もが、そのよろしくない言葉のいやな影響を受けているものです。

よくない言葉で、家族同士が話す習慣があると、家の中でも外でも、良いコミュニケーションや良い出来事を生み出すことは、むずかしいことでしょう。

しかも、家族は家族であるがゆえに、遠慮する必要はないと感じているようなところがあり、それゆえ、好き放題なことを言い合うことがあるものです。

親が子を平気でけなしたり、いやな小言やいやみや傷つける言葉を放ったり。

そうやって、悪い言葉が一つ飛び交うだけで、狭い家の中では、いやでも、その毒は、空間を汚し、空間の波動を下げます。

また、耳を不快にし、気分を害し、心を壊し、体を不調にし、運を落とし、不愉快な空気と出来事で、家を、家族を、支配してしまいます。

しかし、いやな言葉、悪い言葉を放つ代わりに、積極的に「いい言葉」を放つとどうでしょうか？

たとえば、ささいなことにも「ありがとう」という感謝の言葉を、小さなことにも「どうしたの？」と思いやる言葉を、どんな小さな良いことにも、「素晴らしい！」と称える言葉を、誰かが辛いときや悲しいときには、励まし、なぐさめ、「大丈夫よ！」と、元気づける言葉を！

そんな「いい言葉」を伝え合うとき、きっと、家族の間にも、空間にも、気持ち良さと、良質のエネルギーが放たれ、良い出来事を、良い運気を、自然に生み出すことでしょう♪

わかっておきたいことは、家族の健康や生活状態や運気は、何を隠そう、日頃、家族で、どんな言葉をかけあっているのかで、決定する！　ということです。

「言葉は響きなり、響きは波動なり、波動は現象なり！」だからです！

波動はエネルギーの微弱振動であり、いつも、空間をゆらし、動かし、変化させ、そのエネルギーにみあった現象を生み出すのです。その現象化の最初が、「言葉」なのだとしたら、気をつけるしかないのです。

いつでも、いい言葉が、家族を養い、家を養い、運気を養ってくれる！

「いい言葉」を放つとき、あなたも、あなたの家族も、住んでいる家という空間も、良いエネルギーで満たされ、当然のごとく、良い出来事や素晴らしい運命を引き寄せます♪

それは、「いい言葉」が、環境をガラッと好転させる魔法の力を持っているからです！

2024年　3月

ミラクルハッピー　佳川　奈未

☆佳川奈未　最新著作一覧☆

◇『あなたの内なる「神の声」を聞く方法』	青春出版社
◇『あなたの意のまま願いが叶う☆クォンタム・フィールド』	青春出版社
◇『お金持ちが持っている富の循環☆スピリチュアル・マネー』	青春出版社
◇『「いいこと」ばかりが起こりだす　スピリチュアル・ゾーン』	青春出版社
◇『約束された運命が動きだす　スピリチュアル・ミッション』	青春出版社
◇『人生の教訓』	青春出版社
◇『ほとんど翌日、願いが叶う！　シフトの法則』	青春出版社
◇『ほとんど毎日、運が良くなる！　勝負メシ』	青春出版社
◇『「帝王学」をみかたにつける超☆開運法』	ビジネス社
◇『佳川奈未の霊界通信☆』	ビジネス社
◇『「白蛇さま」が教えてくれたお金に恵まれる生き方』	ビジネス社
◇『「神様」は、こうしてあなたを導いている！』	ビジネス社
◇『宇宙は、「現象」を通してあなたに語る』	ビジネス社
◇『あなたの願いがいきなり叶う☆「ヴォイドの法則」』	ビジネス社
◇『「お金」は、スピードに乗ってやってくる！』	ビジネス社
◇『人生が整う「ひとり時間」の過ごし方☆』	ビジネス社
◇『自分の病気は、自分で治す！』	ビジネス社
◇『夢を叶えて幸運なお金持ちになる！　成功チャンネル』	マガジンハウス
◇『幸運予告　世界一ハッピーなこれが本当の惹き寄せの法則』	マガジンハウス
◇『幸運Ｇｉｆｔ☆』☆作詞家＆歌手デビューシングルＣＤ付	マガジンハウス
◇『「運命の人」は探すのをやめると現れる』	PHP 研究所
◇『望みのすべてを必然的に惹き寄せる方法』	PHP 研究所
◇『船井幸雄と佳川奈未の超☆幸福論』	ダイヤモンド社
◇『運のいい人がやっている気持ちの整理術』	講談社
◇『怒るのをやめると奇跡が起こる♪』	講談社
◇『みるみるお金が貯まるミラクルハッピー経営塾』	講談社
◇『すべては目覚めた人からうまくいく！』	講談社
◇『「宇宙銀行」から好きなだけ♪お金を引き出す方法』	ヒカルランド

☆佳川奈未インフォメーション☆

その他の著書、個人セッションや講座等は、公式サイトをご覧ください。

★佳川奈未公式オフィシャルサイト
『ミラクルハッピーなみちゃんの奇跡が起こるホームページ』
http://miracle-happy.com/

★佳川奈未　本とセレクトグッズの公式通販サイト
『ミラクルハッピー百貨店』ＨＰ
http://miraclehappy-store24.com/

★佳川奈未の個人セッション・各種講座が受けられる！
佳川奈未プロデュース＆主宰☆心と体と魂に優しい生き方を叶える！
『ホリスティックライフビジョンカレッジ』ＨＰ
http://holistic-life-vision24.com/

★佳川奈未インスタグラム
https://www.instagram.com/yoshikawanami24/

★佳川奈未　公式オフィシャルブログ（アメブロ）
https://ameblo.jp/miracle-happy-ny24/

著者紹介

佳川奈未　作家。作詞家。神戸市生まれ。

株式会社クリエイティブエージェンシー会長。「ホリスティックライフビジョンカレッジ」主宰。

生き方・願望実現・潜在意識・成功・恋愛・お金・幸運 等をテーマにした、単行本・文庫・コミック・ムック・電子書籍、POD ブック・トーク CD・DVD 付ブックなど累計360作品以上(2024年3月現在)。

海外でも多数翻訳出版。精神世界にも精通。

レイキヒーラー・ティーチャー、チャネラーとしてスピリチュアルな世界を実生活に役立つ形で展開。主宰する「ホリスティックライフビジョンカレッジ」では、各種講座、個人セッション、電話 de 鑑定などを随時開催。

公式 HP
http://miracle-happy.com/

「願《ねが》い」はあなたのお部屋《へや》が叶《かな》えてくれる☆

2024年3月25日　第1刷

著　　者　佳川《よしかわ》　奈未《なみ》
発 行 者　小澤源太郎

責任編集　株式会社 プライム涌光
電話　編集部　03(3203)2850

発 行 所　株式会社 青春出版社
東京都新宿区若松町12番1号 〒162-0056
振替番号　00190-7-98602
電話　営業部　03(3207)1916

印　刷　共同印刷　　製　本　大口製本

万一、落丁、乱丁がありました節は、お取りかえします。

ISBN978-4-413-23349-1 C0095

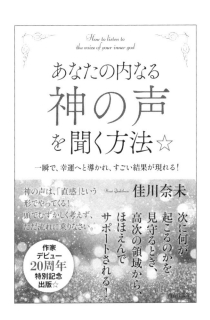